ALMACENAJE, MANUTENCIÓN Y TRANSPORTE INTERNO

en la industria

Francesc Astals Coma

Edicions UPC
UNIVERSITAT POLITÈCNICA DE CATALUNYA

Agradecemos a las siguientes personas y entidades
la cesión de imágenes para su publicación:

Linde, Material Handling Ibérica, S.A., págs. 8 y 76
Corporación Alimentaria Peñasanta, S.A., págs. 52, 136 y 188
VINCA, S.A., págs. 168 y 190
Soler & Palau, S.A., pág. 24
Gerard Pol, pág. 96
Francisco Martínez Serra, pág. 154

Diseño de la cubierta: Ernest Castelltort
Diseño de la maqueta interior: Tono Cristòfol
Maquetación: Josep Escarp

Primera edición: agosto de 2009

©   Francesc Astals Coma, 2009

©   Edicions UPC, 2009
       Edicions de la Universitat Politècnica de Catalunya, SL
       Jordi Girona Salgado 1-3, 08034 Barcelona
       Tel.: 934 137 540   Fax: 934 137 541
       Edicions Virtuals: www.edicionsupc.es
       E-mail: edicions-upc@upc.edu

Producción: LIGHTNING SOURCE

Depósito legal: B-35031-2009
ISBN: 978-84-9880-350-1

Cualquier forma de reproducción, distribución, comunicación pública o transformación de esta obra solo
puede ser realizada con la autorización de sus titulares, salvo excepción prevista por la ley. Diríjase a
CEDRO (Centro Español de Derechos Reprográficos, www.cedro.org http://www.cedro.org) si necesita
fotocopiar o escanear algún fragmento de esta obra.

índice

1 Introducción — 9
1.1 Conceptos logísticos básicos — 10
1.2 Manutención — 13
1.3 Clasificación general de los medios de transporte internos — 19
1.4. Clasificación de la FEM — 21
1.5. Normas — 22

2 Almacenes — 25
2.1 Introducción — 25
2.2 Clasificación de almacenes — 25
2.3 Funciones básicas del almacenaje — 26
2.4 Elementos de un almacén — 28
2.5 Flujo de materiales en un almacén — 28
2.6 Clasificación ABC de productos — 29
2.7 Localización de las ubicaciones — 29
2.8 Operaciones con paletas — 32
2.9 Preparación de pedidos — 33
2.10 Operaciones de salida — 34
2.11 Zonas del almacén — 34
2.12 Control del almacén — 36
2.13 Sistemas de identificación automática — 36
2.14 Centro de distribución — 38
2.15 Almacenado público y privado — 40
2.16 Factores que afectan al número y a la dimensión de los almacenes — 41
2.17 Medidas de la productividad en el almacenaje — 43
2.18 Algunos tipos particulares de almacenes — 43
2.19 Consideraciones generales para el diseño de los almacenes — 45

3 Elementos de soporte — 53
3.1 Paletas — 53
3.2 Características y dimensiones — 53
3.3 Normalización de paletas — 54
3.4 Capacidad de carga — 55
3.5 Sistemas de apilado y fijación — 56
3.6 Contenedores — 58
3.7 Logística inversa y retorno de los contenedores — 63
3.8 Contenedores de manutención (cajas y jaulas) — 64
3.9 Bidones — 65
3.10 Estanterías — 66

almacenaje, manutención y transporte

4 Equipos autónomos de manutención — 77
4.1 Introducción — 77
4.2 Carretillas manuales *(hand trucks)* — 78
4.3 Transpaleta *(pallet truck)* — 78
4.4 Apilador *(stacker)* — 80
4.5 Carretilla elevadora contrapesada *(counterbalanced truck)* — 81
4.6 Preparadoras de pedidos *(order pickers)* — 88
4.7 Retráctil *(reach truck)* — 90
4.8 Trilateral *(trilateral stacker)* — 91
4.9 Transelevador *(automatic storage/retrieval systems, AS/RS)* — 92
4.10 Carretilla sin conductor *(automatic guided vehicle)* — 93
4.11 Adecuación de los equipos de manutención al método de almacenaje — 95

5 Instalaciones de transporte de cargas a granel — 97
5.1 Principios básicos de los transportadores — 97
5.2 Características de los materiales — 100
5.3 Elevador de cangilones *(bucket conveyor)* — 102
5.4 Dispositivos de descarga vertical *(chute conveyor)* — 108
5.5 Bandas transportadoras *(belt conveyors)* — 109
5.6 Elementos del transportador — 120
5.7 Transporte por vibración *(vibrating transport)* — 126
5.8 Transportadores de tornillo *(screw conveyors)* — 128
5.9 Transporte neumático *(pneumatic transport)* — 131
5.10 Nomenclatura — 133

6 Instalaciones de transporte de carga unitarias — 137
6.1 Transportadores de rodillos (roller conveyors) — 137
6.2 Bandas transportadoras — 144
6.3 Transportadores aéreos de cadena *(overhead conveyors; trolley conveyors)* — 147
6.4 Transportadores de doble vía o bicarriles *(power & free conveyors)* — 150
6.5 Transportadores aéreos autónomos *(overhead electric monorail)* — 151
6.6 Transportadores de cadena invertida *(inverted chain conveyors)* — 151

6.7 Transportadores de arrastre *(tow conveyors)* — 152
6.8 Nomenclatura — 152

7 Transporte por cable — **155**
7.1 Cables — 155
7.2 Clasificaciones — 158
7.3 Aspectos generales — 159
7.4 Cable sustentante — 160
7.5 Blondines — 165
7.6 Teleféricos — 165
7.7 Funiculares — 165

8 Transporte vertical — **169**
8.1 Tráfico vertical — 169
8.2 Ascensores — 171
8.3 Grúas — 177
8.4 Principales tipos de grúa — 180
8.5 Reglamentos y normas — 187

9 Bibliografía — **189**
Referencias (Internet) — 191
Notas a pie de página — 193

introducción

En el ámbito industrial, la manutención (en inglés, *materials handling*) se define de forma genérica como el conjunto de operaciones de almacenaje, manipulación y aprovisionamiento de piezas, mercancías, etc., en un recinto industrial.

De manera más precisa, la manutención es la función de mover el material correcto al lugar adecuado en el tiempo, en la secuencia y en las condiciones correctas con el propósito de minimizar los costes de producción. Se estima que los costes de manutención representan del 20 al 25% de los costes de manufactura en los EE UU.

La relevancia de la manutención dentro de las organizaciones industriales ha evolucionado de forma paralela al de la logística. En años recientes se ha observado un notable incremento de uso del término *logística* y de todos sus derivados, al tiempo que las empresas de transporte de mercancías iban transformándose, de nombre y de actividad, en empresas de servicios logísticos.

En la década de los sesenta del siglo pasado, las distintas actividades que conforman lo que hoy día se entiende por logística industrial –previsión de la demanda, gestión de las compras, aprovisionamientos, almacenaje, gestión de inventarios, manutención de materiales, preparación de pedidos, transporte, etc.,– se consideraban separadamente. Entre finales de los años sesenta y mediados de los setenta, surgen con fuerza dos conceptos: el de gestión de materiales (*materials management*), que comprendía las actividades de compras, aprovisionamiento y planificación de la producción; y el de distribución física (*physical distribution*), que integraba una serie de actividades tales como transporte, distribución y control de existencias. Las actividades de almacenaje, de envase y embalaje y/o de manutención se englobaban en uno u otro grupo según las características y la tradición de cada empresa.

Por otro lado, a partir de finales de la década de los setenta, surgen una serie de nuevas situaciones, derivadas de la libre competencia en el transporte, de la globalización de los mercados –tanto en lo que a los competidores se refiere como a los suministradores– y/o de la aparición de nuevas prácticas de gestión empresarial (JIT, TQM, etc.). Se habla entonces de *logística integrada* o de servicios logísticos integrados. El último paso ha sido la toma en consideración de la respuesta del consumidor y aparece un nuevo concepto: el de la cadena de suministro, que se puede definir como: gestión integrada del flujo secuencial de actividades logísticas, de transformación y de servicios activos desde los vendedores hasta los consumidores finales necesario para producir un producto o servicio eficaz y eficiente.

Para ubicar correctamente la manutención en el marco de las actividades logísticas es conveniente desarrollar algunos conceptos logísticos básicos.

1.1 Conceptos logísticos básicos

El término *logística* tiene sus antecedentes en el ámbito militar y se definía como la técnica del movimiento de las tropas y de su transporte y avituallamiento.

Por extensión, la *logística industrial* es la técnica que estudia el transporte, la carga, la descarga y el almacenaje de los materiales de una industria, desde la fuente de las materias primas hasta la entrega del producto final.

En un sentido más amplio, la logística trata del estudio y la gestión de los flujos de productos (bienes) y servicios, así como de la información asociada. Así pues, la función logística en la empresa incluye todas y cada una de las operaciones necesarias para mantener una actividad productiva: desde la programación de las compras hasta el servicio posventa, pasando por el aprovisionamiento de materias primas, la planificación y gestión de la producción, el almacenaje, diseño, embalaje, etiquetaje, clasificación, distribución física, llegando incluso asumir la concepción y la ingeniería de los productos y procesos.

Actividades primarias de la logística

Desde el punto de vista de la logística industrial clásica, las actividades fundamentales de la logística son:
 a) Gestión de los *stocks* (mantenimiento de las existencias)
 b) Transporte
 c) Proceso de los pedidos

a) Mantenimiento de existencias

Por lo general, no es posible ni práctico proporcionar una producción o un suministro inmediato a los clientes. Con el objeto de alcanzar un grado razonable de disponibilidad de los productos, debe mantenerse un cierto nivel de reserva (pulmón, *buffer*) en las existencias almacenadas (*stocks*). El uso generalizado de estas reservas (proliferación de *stocks*) representa un coste logístico muy importante (de una a dos terceras partes de los costes logísticos totales).

Las existencias almacenadas añaden valor "tiempo" al producto. Por ello, los almacenes deben situarse cerca de los lugares de uso (consumidores finales o puntos de manufactura posterior).

b) Transporte

Para la mayoría de las empresas, los costes de transporte representan de una a dos terceras partes de los costes logísticos totales. Se trata de un aspecto esencial, puesto que las empresas requieren un flujo de materias básicas que, una vez transformadas, deben ser transportadas a los lugares de consumo. Esta naturaleza esencial del transporte no siempre está presente en la toma de decisiones estratégicas de una empresa, pero se manifiesta con toda su crudeza cuando, por cualquier circunstancia (accidente, huelga, etc.), los movimientos de materiales quedan limitados o anulados: entonces se habla de "desastre". Los mercados no pueden ser abastecidos y los productos, bloqueados en los canales de distribución, pueden deteriorarse o llegar a ser obsoletos.

El transporte añade valor "ubicación" al producto. En términos logísticos, transporte no sólo se refiere a los diferentes métodos de mover un producto, sino también a la elección del método de envío, de las rutas y de la utilización de las capacidades del vehículo.

c) Proceso de los pedidos

Los costes del proceso de confección de un pedido acostumbran a ser bastante menores que los anteriores. Sin embargo, se trata de una actividad fundamental en el proceso logístico. Un aspecto esencial es el del tiempo de confección y de tramitación de un pedido.

Actividades de soporte

Almacenaje (*warehousing*). Gestión del espacio requerido para mantener las existencias. Implica: selección de la ubicación, determinación del espacio, distribución de las existencias, diseño de los muelles de carga y descarga, etc.

Manutención (*materials handling*). Gestión del movimiento de los materiales desde y hasta los puntos de almacenado. Implica: selección de los equipos de manutención, procedimientos de preparación de pedidos (*order picking*), etc.

Envasado y embalado (*packaging*). Uno de los objetivos de la logística es conseguir mover los productos con no más daño que el económicamente razonable. Un diseño y unas dimensiones adecuadas del sistema de protección facilitan tanto el almacenado como la manutención de los productos.

Aprovisionamiento (*adquisition*). Está relacionada con la selección de la(s) fuente(s) de suministro, su ubicación, las cantidades a suministrar y la forma en que el producto será servido, etc. Tiene una considerable incidencia en los costes logísticos. No debe confundirse con "compras", ya que éstas incluyen una serie de aspectos del proceso de compra (por ejemplo: negociación de precios, clasificación de proveedores, etc.) que no están directamente relacionadas con las tareas logísticas.

Programación (*product scheduling*). Mientras que la adquisición está referida al lado del suministro, la programación obedece a razones de distribución y se preocupa, básicamente, del conjunto de cantidades y de dónde y cuándo deben ser producidas.

Mantenimiento de la información (*information maintenance*). Mantenimiento de las bases de datos para la toma de decisiones efectivas.

Funciones de la logística empresarial

De forma resumida, se presentan las principales actividades de la logística industrial:
1. Aprovisionamiento: consiste en el cálculo de necesidades, la integración y homologación de proveedores, el control de *stocks*, el establecimiento de la política de envíos y el diseño del flujo de aprovisionamiento.
2. Proceso productivo: comprende la reorganización de la producción (teniendo en cuenta el JIT, etc.), la optimización, la definición de estándares, la gestión de productos semielaborados, el control de *stocks* y la programación de recursos y de necesidades.
3. Distribución: se ocupa del diseño de las redes de almacenes y de su gestión, de los canales de distribución según familias logísticas, del control de *stocks* y del diseño de los flujos de distribución.
4. Gestión de la información, es decir: la actualización de la información, la conexión *on-line* con proveedores y clientes, la gestión de la información de mercado, los cálculos de previsiones y el intercambio electrónico de datos (EDI, *Electronic Data Interchange*).

Algunas de las decisiones que deben tomar los departamentos de logística de las empresas industriales son, entre otras:
a) Modo de transporte. Dependerá del valor y de la urgencia de los envíos, del peso, del volumen, de la localización de los proveedores y de los clientes, de los costes relativos, de la fiabilidad, de los tiempos de transporte, etc.
b) Empaquetado. Según sea el valor y la fragilidad de la mercancía, la incidencia del empaquetado en el marketing, de la estandarización de tamaños y de la posibilidad de establecer módulos, aparte de otros requisitos por peligrosidad, estanqueidad, etc.
c) Localización de almacenes. Vendrá condicionada por la ubicación de los clientes, la accesibilidad local a la red de transportes, disponibilidad de mano de obra y suelo, costes, niveles de servicios, etc.
d) Subcontratación de transporte. En casos de fluctuación estacional del tráfico, nivel de especialización de los vehículos, fiabilidad del subcontratista, costes, importancia de mantener el control sobre todas las operaciones, etc., puede ser conveniente la externalización del transporte.

Costes logísticos

Los costes logísticos comprenden, entre otros, los siguientes:
a) Coste de los pedidos (coste de realizar un pedido): conjunto de gastos en que se incurre al realizar las operaciones de reaprovisionamiento de mercancías en el almacén.
b) Coste del espacio: conjunto de gastos derivados de la utilización de un recinto donde se almacenan los productos: alquileres, amortización, financiación, mantenimiento, reparaciones y seguro de edificios e impuestos.
c) Coste de las instalaciones: estanterías, muelles, abrigos, etc.

d) Coste de la manipulación: recursos humanos y técnicos empleados para el movimiento y manipulación (almacenado, envasado, enfardado...) de mercancías dentro del almacén.
e) Coste de tenencia de stock: conjunto de costes ligados al valor y a las primas de seguro de los artículos almacenados (capital inmovilizado + seguros).
f) Costes de administración logística: costes relacionados con la gestión y control de las existencias: inventarios, etiquetaje, confección de albaranes, controles de calidad y cantidad de entrada y salida, etc.
g) Coste de transporte, que incluye tanto el transporte a larga distancia como el transporte de distribución.
h) Costes ocultos: obsolescencia y pérdida de actualidad, deterioros, mermas, robos y costes debidos a rotura de stock.
i) Costes generales: servicios contratados a profesionales externos, servicios generales (electricidad, agua, vigilancia, calefacción, etc.), entre otros.

Los costes logísticos son muy variables según el sector (alimentario, bienes de consumo, textil, etc.) y las características de la empresa, pero pueden representar de un 10 a un 30% de las ventas.

Operadores logísticos

En el marco de la tendencia general hacia la subcontratación de tareas, los operadores logísticos son empresas que proporcionan una o varias de las actividades siguientes:
- transporte
- almacenamiento
- servicios auxiliares de transporte (tránsitos, aduana)
- funciones de distribución física (fraccionamiento y grupaje, etiquetaje, embalaje y preparación de cajas)
- organización de los sistemas de información
- operaciones de carácter comercial tales como la facturación y el fletado
- gestión de *stocks*, almacenamiento, gestión de productos y de clientes
- consultoría: diseño de rutas de reparto, ingeniería logística
- etc.

En el año 2005 había en España 200 empresas de servicios logísticos que facturaban 2865 millones de euros y daban ocupación a 24500 empleados. Este mismo año, los cinco principales grupos empresariales: Grupo Logista, Grupo Logístico FCC, Exel Ibérica, DHL y Gefco, acapararon el 43,1% de la cuota de mercado.[1]

1.2 Manutención

Las consideraciones que se deben tener en cuenta en la manutención son:

- *Movimiento:* involucra el transporte efectivo o transferencia de material de un punto a otro.
- *Cantidad:* condiciona el tipo y la naturaleza de los equipos empleados en la manutención, así como el coste por unidad de transporte de mercancía.
- *Tiempo:* afecta a la celeridad con que puede moverse el material en las instalaciones.
- *Espacio:* entendido como el volumen requerido tanto para el almacenaje y el movimiento del material como el espacio necesario para colas o esperas.
- *Control:* consiste en el seguimiento, la identificación y la gestión de los inventarios.

El objetivo básico de la manutención es, como ya se ha dicho, el de contribuir a la reducción de los costes de producción a través de:
- Mantener –y mejorar, si es posible– la calidad del producto reduciendo los daños y proporcionando una protección adecuada a los materiales que se transportan.
- Promover y mejorar las condiciones de trabajo evitando, en la medida de lo posible, el acarreo y transporte manual de cargas.
- Armonizar las cinco generaciones de equipos de manutención activos: sistemas manuales, mecánicos, automáticos, integrados e inteligentes.
- Promover la productividad.
- Facilitar un uso creciente de las instalaciones.
- Reducir el peso de las taras (pesos muertos).
- Facilitar el control del inventario.

Los equipos de manutención pueden ser clasificados en cuatro grandes grupos:
1. Contenedores y equipamiento de formación de unidades de carga, tales como paletas, cajas y bandejas, así como los equipos de carga y retractilado de paletas.
2. Equipos de transporte de material, que dependerán de si el material es transportado a granel o empaquetado y que pueden agruparse en: transportadores, vehículos industriales, transportadores monocarril, grúas y montacargas.
3. Equipos de almacenado y recuperación, es decir, estanterías y equipos dedicados a la ubicación y a la desubicación de las unidades de carga.
4. Equipamiento de identificación automática y comunicación.

Unidades de carga

Las distintas unidades que deben tenerse en cuenta en la manutención son (Fig. 1.1):
- Unidad de venta: es la menor unidad de producto que el consumidor puede comprar al detalle.
- Unidad de entrega: es una agrupación formada por unidades de consumo que permite una explotación optimizada de los sistemas de

producción, distribución o comercialización. Pueden ser paquetes, fracciones de caja o cajas.
- Unidad de preparación de pedidos: es la unidad mínima de producto que se puede servir a un cliente para cada referencia. Si no coincide con la unidad de entrega, significa la existencia de un mayorista entre el proveedor y el detallista.
- Unidad de carga es la unidad básica de almacenaje y transporte dispuesta sobre un soporte o embalaje modular (caja, paleta, contenedor, etc.) con el fin de conseguir una manutención eficiente.

La unidad de carga no es, por lo tanto, un concepto universal, sino que depende de los productos, de las instalaciones y de los equipos de transporte, manutención y de almacenado.

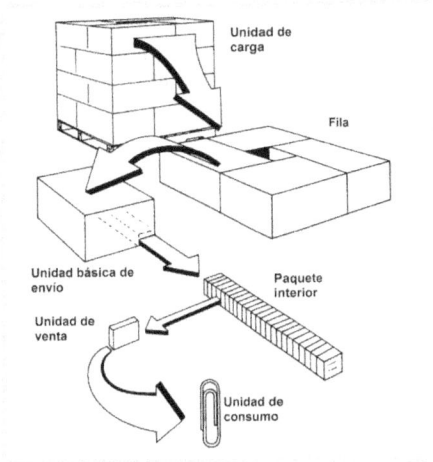

| 1.1 | Unidades de carga. Fuente: Adaptado de "Warehouse Modernization and Layout Planning Guide", NAVSUP Publication 529

Tipos de unidades de carga

Aunque las unidades de carga serán estudiadas más adelante, en el capítulo 3, los principales tipos de unidades de carga que acostumbran a emplearse son:
- cajas
- bandejas
- bidones
- sacos
- rollos
- paquetes
- contenedores
- paletas
- bobinas
- etc.

Características de los productos

Con independencia de su naturaleza, las principales características de los productos son:

a) *Relación peso/volumen* (densidad global aparente). Cuanto mayor es la relación peso/volumen, menores son los costes (relativos) de almacenaje y de transporte y, por lo tanto, menores los costes logísticos.
b) *Relación valor/peso*. Los costes de transporte disminuyen al aumentar la relación entre el precio del producto y su peso, pero los de almacenaje aumentan. El resultado global es una curva que presenta un mínimo para un valor concreto de la relación valor/peso.
a) *Capacidad de sustitución*. Es el grado de intercambiabilidad, es decir, la capacidad de que un producto pueda ser sustituido, por el cliente, por otro de la competencia. Se trata de un riesgo que debe ser minimizado a través de un servicio logístico óptimo.

Criterios básicos de manutención

De acuerdo con J. P. Groover (Groover, 1987), los criterios que deben tenerse en cuenta a la hora de diseñar y establecer un plan de manutención son, entre otros, los siguientes:
  a) planificación
  b) normalización
  c) trabajo
  d) ergonomía
  e) unidad de carga
  f) utilización del espacio
  g) sistema
  h) automatización
  i) medioambiental
  j) coste del ciclo de vida

La lista no es exhaustiva y podría ampliarse con otros criterios, tales como el de seguridad, el de mantenimiento o el de obsolescencia.

a) Criterio de planificación

El principio o criterio de planificación establece que todo el proceso de manutención de los materiales debe ser el resultado de un plan perfectamente establecido, en el que las necesidades, los resultados deseados y las especificaciones funcionales de los métodos propuestos estén completamente definidos desde su inicio.

La planificación debería promover la ingeniería concurrente de producto, de diseño de proceso, y de la propia manutención. Asimismo, la planificación debería tener en cuenta las necesidades a corto y a medio plazo, con el objeto que las instalaciones no sean insuficientes de forma rápida.

b) Criterio de normalización

En la medida de lo posible, tanto los equipos como los métodos y los controles de la manutención debieran ser normalizados, con lo que se consigue un número menor de tipos de equipos de forma que se aumenta la facilidad de intercambio y la reducción de costes de mantenimiento.

c) Criterio de trabajo

La medida del trabajo de manutención es el producto de la tasa de flujo (unidades, volumen o peso por unidad de tiempo) por la distancia movida. Este trabajo de manutención debe minimizarse, sin sacrificio de la productividad o del nivel de servicio requerido de la operación, a través de una simplificación de procesos, combinando, reduciendo, simplificando o eliminando los movimientos innecesarios cuando sea necesario.

d) Criterio de ergonomía

La ergonomía es la ciencia que estudia las condiciones de adaptación recíproca del hombre y su trabajo, o del hombre y una máquina o vehículo. La ergonomía considera tanto las tareas físicas como las intelectuales. Este criterio se refiere a que en cualquier estudio de manutención deben considerarse las capacidades y limitaciones humanas con el objeto de asegurar unas operaciones seguras y efectivas.

e) Criterio de la unidad de carga

Las unidades de carga (caja, paleta, bidón, etc.) deben ser configuradas de forma tal que permitan cumplir con los objetivos de almacenaje y de manutención. A tal fin, las unidades de carga deben poder ser desplazadas y almacenadas como una única entidad a la vez, con independencia del número de subunidades individuales que conformen la unidad de carga. Las unidades de carga más pequeñas son consistentes con estrategias de fabricación que consideren objetivos operatorios tales como flexibilidad o entregas *just in time*. Las unidades de carga de mayor tamaño, en cambio, son más comunes en los procesos iniciales y finales, y representan una significativa reducción en las operaciones de manutención.

f) Criterio de la utilización del espacio

El espacio en la manutención es tridimensional y debe proporcionarse un adecuado equilibrio entre la capacidad de almacenaje y la accesibilidad.

g) Criterio de coordinación

Las operaciones de manutención deben estar integradas con el resto de las operaciones de planta, de tal manera que formen un sistema coordinado que abarque la totalidad de las actividades: recepción, inspección, almacenado, producción, montaje, envasado y embalado, formación de unidades de carga, preparación de pedidos, envíos, transporte y manutención de los retornos.

h) Criterio de automatización

En la medida de lo posible, las operaciones de manutención debieran ser mecanizadas y/o automatizadas con el objeto de mejorar la eficiencia operacional, mejorar la consistencia y la predictibilidad, reducir los costes operativos y eliminar trabajos manuales repetitivos o potencialmente inseguros.

i) Criterio medioambiental

El impacto medioambiental y el consumo energético deberían ser tenidos en el momento del diseño y de la selección de los equipos de manutención reciclando, en la medida de lo posible, los elementos de formación de las unidades de carga y evitando el uso de materiales peligrosos.

j) Criterio del coste del ciclo de vida

Debería efectuarse un análisis económico completo de la totalidad del ciclo de vida de todos los equipos y sistemas de manutención, incluyendo las inversiones de capital, los costes de instalación, estructura, formación y entrenamiento del personal, costos de operación, mantenimiento y reparación, sustitución, eliminación, etc.

Características de transportabilidad

El término *transportabilidad* es un anglicismo que suele definirse como la capacidad inherente de una mercancía para ser movida, por arrastre o mediante un transporte convencional por vía terrestre, marítima o aérea. La transportabilidad de una carga depende de sus características físicas, de sus limitaciones dinámicas, de las limitaciones medioambientales y de los efectos de riesgo que pueda comportar.

i) Propiedades físicas

Las propiedades físicas que interesan para el estudio de las características de transportabilidad de una unidad de carga son:
– dimensiones: ancho, alto, largo
– peso bruto
– peso neto
– ubicación del centro de gravedad

ii) Limitaciones dinámicas

Desde el punto de vista dinámico, pueden existir una serie de características que pueden limitar o condicionar el transporte de la unidad de carga:
– aceleraciones y desaceleraciones admisibles en cada uno de los ejes principales
– vibraciones y frecuencias críticas de resonancia
– pandeo y deformación máximos que puede soportar
– fugas (de sólidos –polvo–, líquidos o gases) admisibles
– sistemas de fijación y cargas máximas permitidas bajo condiciones dinámicas según el método de fijación

iii) Limitaciones medioambientales

Es el conjunto de condiciones ambientales que pueden tener incidencia –en muchos casos decisiva– en el material transportado y son, entre otras:
– temperatura
– humedad
– presión
– limpieza y esterilización

iv) Efectos de riesgo

Ciertos materiales pueden comportar importantes riesgos en su manejo, tales como:
– radiaciones
– toxicidad de humos o líquidos en contacto con el personal
– descargas electrostáticas
– explosión
– riesgos etiológicos o biológicos

Formas de manejo de las unidades de carga

La unidad de carga puede manejarse de varias formas según sea su diseño y naturaleza:
– soportarla por debajo
– abrazarla por los lados
– suspenderla de una eslinga

Asimismo, existe la posibilidad de cargar varias unidades a la vez colocándolas una encima de la otra, una detrás de la otra, una al lado de la otra, o combinaciones entre las anteriores. Este aspecto es muy importante, puesto que el método de manejo condiciona el tipo de transporte.

1.3 Clasificación general de los medios de transporte internos

Los medios de transporte en el interior de fábricas, grandes superficies, terminales ferroviarias, aéreas o marítimas, etc., pueden clasificarse de la manera siguiente:
– Transporte interno de personas
  - Transporte horizontal (bandas transportadoras)
  - Transporte vertical (ascensores y escaleras mecánicas)
– Transporte interno de mercancías (manutención)
  - Continuos
    - Transportadores aéreos
    - Transportadores de rodillos
    - Transportadores de banda o cinta
    - Transportadores de tablillas
    - Elevadores de tablillas o de cangilones
    - Montacargas robotizados

- Pilotados
  - Transpaletas (manuales y eléctricas)
  - Apiladoras
  - Carretillas elevadoras
  - Almacenadores
  - Carros de *picking*
- Automáticos
  - Transelevadores
  - Carretillas filoguiadas
  - Sistemas robotizados

Grupo		Consumo	Ejemplo
Manipulado a granel	Sólidos	Industrial	Vagones, transportadores de tornillos, dumpers, etc.
	Líquidos	General	Cubas, cisternas, oleoductos, etc.
	Gases		Gasoductos, tanques, vagones, etc.
General	Materias primas	Alimentación	Sacos, contenedores, bidones, paletas, etc.
	Semielaborados		Cajas, cubetas, bandejas, paletas, etc.
	Producto acabado		Bolsas, sacos, cajas, paletas, etc

| Tabla 1.1 |
Clasificación por características del producto

Principio	Descripción
Unidad mayor	Cada movimiento de producto debería realizarse en la mayor cantidad práctica posible a la vez.
Camino más corto	Los productos y las actividades deberían moverse por el camino más corto posible.
Espacio más pequeño	El área cubierta por cualquier tarea debería ser la menor posible.
Tiempo más corto	El tiempo requerido por cualquier actividad debería ser el menor posible.
Manutención mínima	Los productos deberían ser manipulados o movidos el menor número de veces posible.
Agrupación y recolección	Las referencias y los pedidos que tengan características similares deberían ser manejadas conjuntamente.

| Tabla 1.2 |
Principios básicos de la manutención

Clasificación por características del producto

De acuerdo con las características del producto, los medios de transporte interno pueden clasificarse en manutención de graneles y manutención de productos envasados y, en ambos casos, en diversos subgrupos, tal como muestra la tabla 1.1.

Clasificación según las características del equipo

De acuerdo con las características, los equipos de manutención pueden clasificarse en dos grandes grupos: las instalaciones o equipos fijos, tales como transportadores, grúas, montacargas, etc., y los equipos movibles, tales como las carretillas elevadoras y los vehículos en general.

Principios elementales de manutención

Las operaciones de manutención se rigen por un conjunto de principios elementales, que se incluyen en la tabla 1.2.

1.4. Clasificación de la FEM

Los aparatos y equipos de manutención pueden clasificarse atendiendo a distintos criterios; la Federación Europea de la Manutención (FEM) los ordena en las diez secciones siguientes:

1. *Aparatos pesados de elevación y gran manutención* (puentes grúa, grúas de puerto, grúas para la construcción, grúas pórtico y otros aparatos: eslingas, ganchos y accesorios...).
2. *Aparatos de manutención continua para productos a granel y cargas unitarias* (tales como transportadores de banda, de rodillos, aéreos monocarril, elevadores plataforma continua, otros aparatos, ...).
3. *Teleféricos* (transportadores aéreos monocable y bicable, telesquíes, telesillas, blondines, dragalinas, *scrappers*...).
4. *Carretillas* (carretillas de mano, transpaletas, apiladores, retráctiles, recoge-pedidos, bi y tri-laterales, 4 caminos, elevadoras de horquilla –eléctricas y térmicas–, todo terreno, de plataforma, otros tipos de carretillas, carretillas sin conductor).
5. *Grúas móviles* (grúas sobre bandajes, neumáticos u orugas, grúas sobre camión, carretillas-grúa, otras grúas móviles...).
6. *Transporte neumático* (sistemas continuos por aspiración o impulsión, sistemas discontinuos por impulsión, transportes sobre colchón de aire, sistemas de manutención neumática e hidráulica ...).
7. *Ascensores, montacargas y escaleras móviles.*
8. *Aparatos para elevación y movimiento de tierras* (excavadoras, palas cargadoras, tractores empujadores, escarificadores, motoniveladoras, volquetes...).
9. *Aparatos de serie para elevación* (crics, gatos, polipastos, carros porta polipastos, tornos y grúas manuales, otros aparatos...).
10. *Equipos y métodos de almacenamiento* (estanterías y estructuras para cargas paletizadas y cargas unitarias, estructuras autoportantes, otras estanterías, paletas, cajas, contenedores, otro material de almacenamiento...).

En el presente libro no se examinarán la totalidad de las diez secciones y quedará limitado al estudio, con cierto detalle, de los equipos de almacenamiento, las carretillas, las instalaciones de manutención continua, tanto para cargas unitarias como para graneles, y a una consideración general de los equipos de transporte vertical (ascensores y grúas) y de transporte por cable.

1.5. Normas

Como el establecimiento de una norma supranacional requiere el acuerdo o consenso de los diferentes países involucrados, con frecuencia las normas técnicas internacionales están menos desarrolladas que las nacionales. Siempre que sea posible, debe utilizarse una norma internacional (ISO) o, al menos, una europea (EN). Los principales organismos internacionales de normalización general son: ISO[2], International Organization for Standardization, y CEN, que genera las normas europeas.[3]

Entre los organismos nacionales, cabe citar, entre otros, los siguientes:
- Alemania, D*eutsches Institut für Normung* (DIN)
- Canadá, *Standards Council of Canada* (SCC)
- Dinamarca, *Dansk Standard* (DS)
- EE UU, *American National Standards Institute* (ANSI)
- España, Agencia Española de Normalización (AENOR)
- Finlandia, *Finnish Standards Association* (SFS)
- Francia, *Association française de normalisation* (AFNOR)
- Grecia, *Hellenic Organization for Standarization* (ELOT)
- Irlanda, *National Standards Authority of Ireland* (NSAI)
- Italia, *Ente Nazionale Italiano di Unificazione* (UNI)
- Portugal, *Instituto Português da Qualidade* (IPQ)
- Reino Unido, *British Standards Institution* (BSI)

Respecto a normas específicas de manutención, cabe citar la serie 53 de las normas ISO y la serie 58.000 de las normas UNE.[4]

2

almacenes

2.1 Introducción

De acuerdo con el diccionario, un almacén se define como *"edificio o local donde se depositan géneros de cualquier especie, generalmente mercancías.[5]"* En términos logísticos, sin embargo, un almacén se acostumbra a describir como el *"espacio en el que se depositan mercancías de forma adecuada, segura y ordenada, sin que sufran transformación"*.

La diferencia entre ambas definiciones es notoria: por un lado, la definición logística amplía el ámbito espacial no circunscribiéndolo a un local o edificio y, por otra parte, precisa que el depósito o custodia de las mercancías debe efectuarse de forma adecuada, segura y ordenada, lo cual significa que deberán existir unas pautas de almacenaje claramente establecidas.

Los motivos por los que se requieren los almacenes obedecen a una única o a varias de las razones siguientes: conseguir economías de escala en compras y/o transporte de materias primas, conseguir economías de escala en la fabricación, asegurar una fuente de suministro, satisfacer las condiciones de un mercado cambiante (por ejemplo, de estacionalidad), conseguir los mínimos costes logísticos acordes con el deseado nivel de servicio al cliente, soportar programas *just in time* de los clientes y/o de los proveedores, o superar las diferencias de espacio y de tiempo que puedan existir entre productores y clientes.

2.2 Clasificación de almacenes

Los almacenes pueden clasificarse atendiendo a diversos criterios. Los más comunes son: según la naturaleza del producto almacenado, según la propia estructura física del almacén, o según su ubicación en el conjunto del proceso logístico.

Clasificación según la naturaleza del material almacenado

El diseño, la ubicación, las particularidades e incluso el tamaño del almacén variarán de acuerdo con la naturaleza y las características de los productos almacenados. Así puede distinguirse entre almacenes según sean para:
- materiales pulverulentos y granulados
- líquidos
- productos inflamables
- pequeño material
- chapa y varilla

- materiales de producción (moldes, matrices, recambios, máquinas...)
- productos perecederos
- etc.

Clasificación según la estructura física

Suelen clasificarse en:
- naves
- cercados
- patios
- silos y depósitos
- recipientes de gas
- áreas intermedias en una fábrica
- cámaras frigoríficas
- vehículos (almacén itinerante, especialmente relevante en el caso de buques)
- etc.

Clasificación según su ubicación dentro del flujo de materiales

En este caso podemos distinguir entre:
- almacenes para materias primas, componentes y partes
- almacenes para productos acabados
- ídem para productos en curso de fabricación o semimanufacturados
- almacenes de depósito (especialmente importantes en el caso de productos con fuerte estacionalidad)
- almacenes de distribución
- almacenes para materiales para ser eliminados o reciclados
- etc.

2.3 Funciones básicas del almacenaje

Las funciones básicas que se desarrollan en un almacén son: el almacenaje o custodia propiamente dicho, la manutención de los materiales almacenados y la transferencia de la información asociada a los procesos anteriores.

a) Almacenado (custodia)

Es la función principal del almacén, y debe asegurarse su custodia sin deterioros, mermas ni riesgos. A su vez, el almacenado puede ser:

- **Temporal.** Es el caso más frecuente. Las mercancías quedan depositadas en el almacén durante un período determinado, relativamente breve.
- **Estacional.** Almacenado derivado de un proceso de producción o de consumo de características estacionales; por ejemplo, almacenes para productos agrícolas.

- **Semipermanente.** Las mercancías son depositadas para períodos muy largos, con propósitos varios: aseguramiento de suministro, movimientos especulativos con productos sin riesgos de caducidad, por ejemplo, pulpa de papel, etc.

b) Movimiento de materiales

Los principales movimientos de materiales en el almacén derivan de los procesos de:

- **Recepción.** Conjunto de las operaciones derivadas de la recepción de una mercancía. Por lo general, ésta es transportada en un camión, por lo tanto las operaciones de recepción consisten en descarga, verificación, eventual toma de muestras para su ulterior envío a laboratorio y codificación.

- **Ubicación.** Transporte de los materiales, generalmente paletizados, desde el muelle de descarga hasta su ubicación de almacenaje. Y viceversa, desubicación cuando el transporte es desde la estantería hasta el muelle de envío.

- **Preparación de pedidos.** Conjunto de operaciones asociadas a la preparación física de los elementos que componen un pedido. Puede consistir únicamente en la agrupación de un conjunto de paletas para proceder a su carga en el camión o, por el contrario, un conjunto laborioso y costoso en mano de obra, de operaciones de apertura de paletas y cajas, recogida de los componentes del pedido y posterior agrupación para proceder al envío.

- **Intercambio de muelles.** En ciertos casos, los materiales no llegan a almacenarse; simplemente, el almacén procede a la recepción de las paletas o de las unidades de carga mayores y las desconsolida en unidades menores de envío y transporte. Esta función es cada vez más importante en los centros integrados de mercancías donde, por un lado, los productos llegan en trenes o en grandes camiones y, por el otro, salen en camionetas o furgonetas de reparto más adecuadas para el transporte y la distribución urbana.

- **Envío.** Es el conjunto de operaciones asociadas al envío de una mercancía: consolidación de los materiales que conforman un pedido, embalaje (si es necesario) y carga de la unidad de transporte.

c) Transferencia de información

Todos los procesos anteriores deben estar perfectamente documentados y generar el flujo de información imprescindible para poder llevar a cabo tanto un adecuado control y gestión de los inventarios como para poder generar los procesos administrativos correspondientes: notas de recepción, albaranes de salida, listas de embarques, hojas de ruta (para transportistas), facturas, órdenes de reposición, etc.

2.4 Elementos de un almacén

A la luz de las anteriores consideraciones, los elementos que conforman un almacén son:

- **Materiales.** Conjunto de productos que almacena: materias primas, productos en fase de elaboración, productos terminados, etc.

- **Contenedores.** Recipientes que contienen la mercancía: sacos, paquetes, bolsas, cajas, paletas, contenedores, bidones, etc., y que conforman la unidad básica de almacenado.

- **Ubicaciones.** Lugar donde se ubican o colocan los contenedores; las ubicaciones pueden ser fijas o variables, según los criterios de almacenaje que se adopten, tal como veremos más adelante.

- **Subalmacenes.** Agrupación de ubicaciones bajo un criterio particular: características del material, frecuencia de entrada o salida del almacén, seguridad, etc.

- **Sistema de control** y de gestión del almacén

- **Personal**

- **Servicios** (iluminación, calefacción, refrigeración, vigilancia, etc.)

2.5 Flujo de materiales en un almacén

La actividad de un almacén es muy variable y diferente según sea:

- **el tamaño del almacén:** superficie y volumen total de almacén, capacidad total de almacenaje, número de referencias distintas y tamaño medio de cada una de ellas, etc.

- **la naturaleza de los productos:** características, medidas, unidad de almacenado, nivel de stock, estacionalidad, etc.

- **las características de los pedidos:** tamaño medio y distribución de tamaños de los pedidos (unidades por pedido).

- **la forma de recepción de los productos:** número (diario o semanal) y tipo de vehículos, medidas de las cargas de envío, paletización/no paletización de la carga, etc.

- **la forma de expedición de los productos:** tipos de vehículos, frecuencia y tamaño de las cargas de envío, etc.

- **el sistema de almacenado previsto:** tipo de estanterías y de sus correspondientes equipos de manutención.

— **la forma de preparación de pedidos:** métodos de preparación, *stocks* disponibles en las estaciones de preparación, etc.

— **la consolidación de pedidos:** consolidación o agrupación de unidades de carga, espacio necesario, flujo de materiales, etc.

— **la estacionalidad:** las entradas o salidas de ciertos productos en el almacén varían según la época del año; por ejemplo, los ventiladores o las estufas.

2.6 Clasificación ABC de productos

Si se efectúa un listado de los productos que salen de una empresa, se observa que unas pocas referencias representan la mayor parte de las salidas.

El conocimiento preciso de la distribución depende, como es lógico, de cada empresa, así como del número y de las características de sus clientes, pero puede enunciarse una regla empírica, *la regla del 80/20*: "el 80% de las ventas se consigue con un 20% de las referencias", o el análisis *ABC*, que clasifica los productos en tres grandes grupos: *A*, una pequeña fracción de referencias (del orden del 20% del total de referencias) que representan la parte más importante de la actividad (por ejemplo, el 70% de la actividad del almacén); *B*, una fracción mayor de productos (25%) menos importantes (22%), y *C*, un gran número de referencias (55%) cuyas salidas son mucho menores (8%) (Fig. 2.1).

Los productos de los diferentes grupos A, B y C deberán ubicarse, lógicamente, en zonas distintas del almacén de forma que se optimicen los flujos y minimicen los costes de manutención.

2.7 Localización de las ubicaciones

La localización de las ubicaciones puede ser fija, variable o mixta.

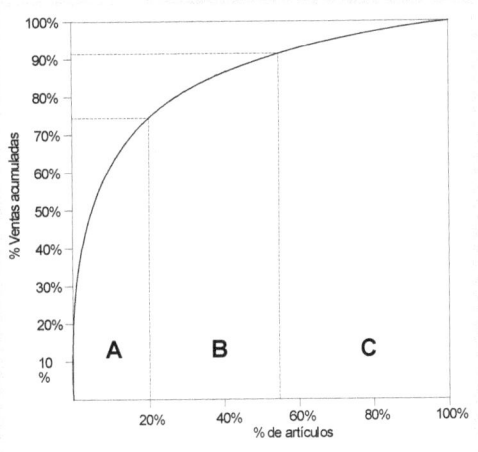

| 2.1 | Clasificación ABC

a) Localización fija

Con este criterio, a cada producto se le asigna un nicho o ubicación (lugar) fijo en la zona de almacenaje. El ejemplo más intuitivo es el de las plazas de aparcamiento en el sótano de un edificio de vecinos: cada propietario tiene "su" plaza. La ventaja principal es que facilita la localización humana de artículos, pero, por el contrario, penaliza considerablemente el coeficiente de ocupación del almacén, por lo que sólo se emplea raramente en almacenes muy pequeños o para productos peligrosos o muy especiales.

b) Localización variable o no asignada

Recibe también el nombre de *asignación libre o caótica*. Almacena las cargas en cualquier lugar del almacén, pero tiene en cuenta las rotaciones. El ejemplo sería el de un aparcamiento público.

Los criterios de ubicación pueden ser: ubicación al azar o en la ubicación disponible más próxima. La principal ventaja es que favorece el coeficiente de llenado del almacén, reduciendo de un 20 a un 25% el volumen necesario, pero requiere una gestión muy estricta para no tener pérdidas de tiempo. Para ello debe recurrirse en una gestión informatizada con una codificación muy precisa y rigurosa de cada ubicación y carga unitaria. Su uso viene facilitado cuando los productos entrantes son escalonados en el tiempo (no hay aglomeraciones de entrada).

c) Localización mixta

También conocido por *método semialeatorio*. Se trata del método más frecuente en el que se pretende conjugar las ventajas de los anteriores. Se realiza una asignación fija para productos de gran rotación y una asignación variable para el resto de productos. La asignación se realiza atendiendo a criterios de optimización de los recorridos con el objeto de conseguir la mayor productividad en el conjunto de operaciones, tanto de ubicación como en la preparación de los pedidos. Ello dependerá del diseño del propio almacén (pasillos, tipos de estanterías, accesos, etc.).

Un almacén, cuya disposición en planta permita la entrada y la salida por lados opuestos deberá tener unas localizaciones dispuestas de forma distinta de las de un almacén cuya entrada y salida sea por el mismo lado (Fig. 2.2).

Cuando las mercancías entran y salen del almacén en unidades de carga de tamaño distinto, el número de viajes de ubicación y de recuperación es también distinto. Cuanto mayor es la relación entre el número de desplazamientos para entrar o ubicar la carga, E, y el de viajes para la recuperación o salida de la misma, S, más próxima a la entrada debe colocarse la ubicación, y viceversa, los productos que presentan una relación E/S baja deben ubicarse cerca de la salida.

Supongamos un almacén con una disposición lineal (Fig. 2.3). Los viajes semanales para ubicar y recuperar los productos de alta rotación se indican en la tabla 2.1. Una ratio $E/S = 1$ significa que se requieren los mismos viajes para ubicar que para recuperar (desubicar), mientras que un valor E/S = 3 representa que los viajes de entrada son tres veces superiores a los de salida. Así los productos A y C se dispondrán en las estanterías próximas a la entrada, mientras que los productos B y F se almacenarán cerca de la salida, tal como se muestra en la figura 2.4.

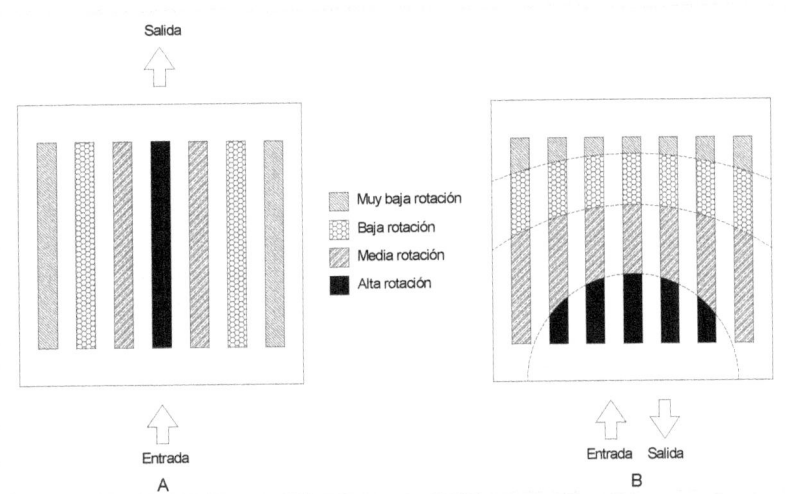

| 2.2 | Almacén con distribución en planta, A, lineal, y B, almacén en U

Mercancía	Viajes de Entrada, E	Viajes de Salida, S	E/S
A	100	100	1,0
B	60	300	0,2
C	300	100	3,0
D	150	200	0,75
E	30	50	0,6
F	200	500	0,4

| Tabla 2.1 | Desplazamientos de entrada y salida de seis productos de alta rotación

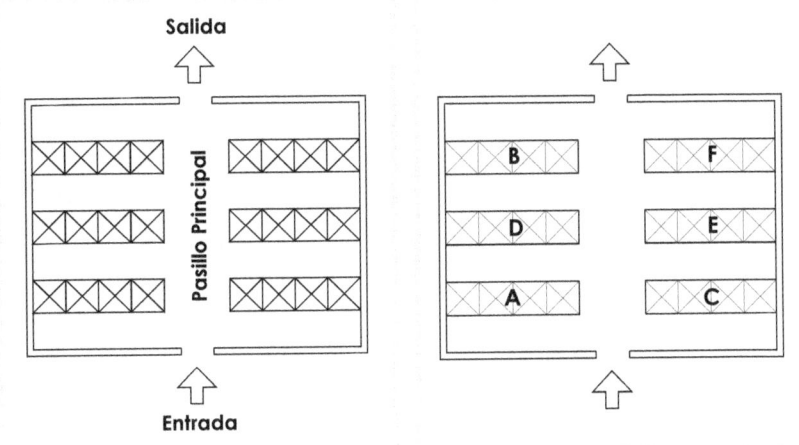

| 2.3 | Almacén lineal

| 2.4 | Disposición de las mercancías en el almacén

Otro criterio que se emplea a menudo es el de similitud. Los productos similares, y que se reciben y envían conjuntamente, es conveniente situarlos cerca. Un aspecto importante a la hora de decidir las ubicaciones es la propia naturaleza de los productos que se deben almacenar, por ejemplo, materiales perecederos o que requieren una atmósfera controlada, materiales frágiles, productos tóxicos, inflamables o productos que puedan presentar algún tipo de incompatibilidad química, etc.

2.8 Operaciones con paletas

Aunque las dimensiones y las características de las paletas serán estudiadas en el capítulo 3, para analizar las principales operaciones de almacenaje es suficiente considerar aquí la paleta cargada como un paralelepípedo de ancho a, largo b, y altura h. El manejo de los materiales paletizados se efectúa mediante aparatos de manutención de diferentes tipos: apilador, carretilla contrapesada, retráctil, trilateral, etc.

Por lo general, el almacenaje con paletas se efectúa en estanterías, cuyas características se describen, asimismo, en el capítulo siguiente. En algunos casos, no obstante, es posible apilar las paletas cargadas directamente una encima de otra hasta un máximo de tres.

La disposición de las paletas en el almacén debe ser tal que minimice los costos de ubicación y de desubicación.

Paletas almacenadas sin estanterías

Recibe también el nombre de *almacenado en bloque*, tal como se muestra en la figura 2.5. Acostumbra a emplearse para productos tipo A. El almacenado se efectúa directamente sobre el pavimento, en distintas filas y en uno o varios niveles según las características de los materiales y

| 2.5 | Almacenado de paletas en bloque. Fuente: Atlet

| 2.6 | Estantería convencional para paletas. Fuente: Atlet

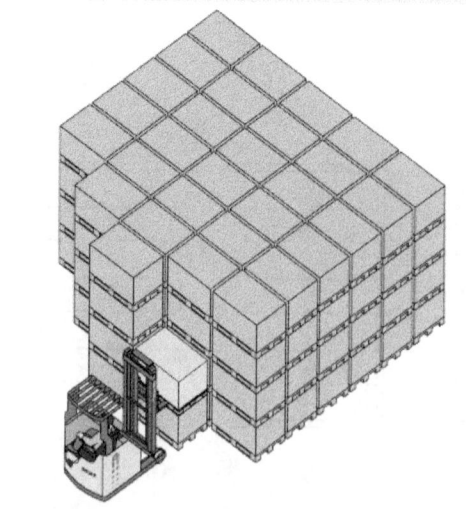

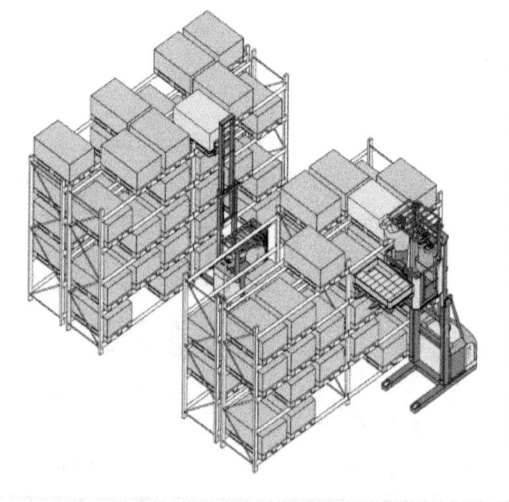

de su embalaje. El criterio de almacenado es LIFO,[6] por lo que no sirve para productos que requieran un control de rotación riguroso, puesto que los costes de manutención superarían los de amortización de una estantería.

Paletas almacenadas en estanterías

De acuerdo con los criterios de almacenaje, las estanterías pueden ser convencionales (Fig. 2.6), de doble profundidad (Fig. 2.7) y compactas (Fig. 2.8). En las primeras, el equipo de manutención (carretilla elevadora, trilateral o transelevador) se mueve por un pasillo que permite el acceso directo a las ubicaciones. Según las características del equipo de manutención, variará la anchura requerida del pasillo y, por ende, el rendimiento superficial y volumétrico del almacén. En el caso de estanterías de doble profundidad, el rendimiento del almacén, lógicamente, aumenta, pero aumentan al mismo tiempo los costes de ubicación y, en particular, los de desubicación, sobre todo si las referencias ubicadas en el mismo nicho son diferentes.

En el almacenado compacto, los equipos de manutención pueden circular entre los bastidores de las estanterías permitiendo un almacenado con un rendimiento muy elevado. Si la estantería permite el acceso por ambos extremos, el almacenado es FIFO;[7] si la entrada y salida de los materiales debe ser por el mismo extremo, el almacenado es LIFO. Una variante del almacenado FIFO es el FEFO,[8] muy empleado en los sectores alimentario y farmacéutico, en los que el control de la caducidad de los productos es crucial.

2.9 Preparación de pedidos

La preparación de los pedidos o *picking*, tal como se ha dicho anteriormente, es una de las operaciones más laboriosas y costosas del almacenaje. La preparación de los pedidos puede realizarse individualmente para cada producto, o bien, por lotes.

| 2.7 | Estantería de doble profundidad. Fuente: Atlet

| 2.8 | Estantería compacta. Fuente: Atlet

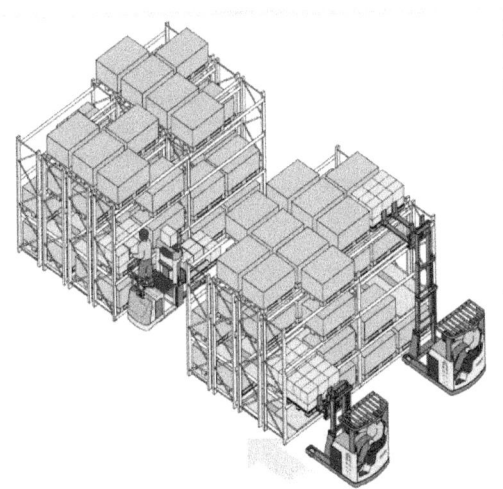
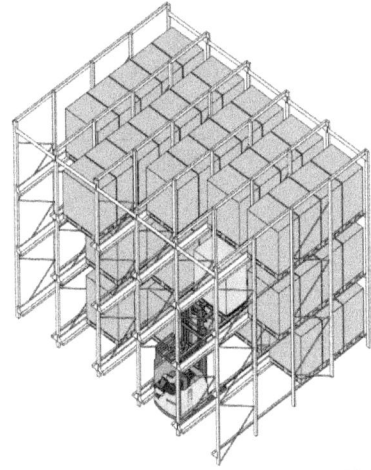

En el primer caso, el operario va transcurriendo por el almacén y recogiendo, de cada ubicación, las unidades deseadas de cada artículo de acuerdo con el pedido recibido y siguiendo, por regla general, una ruta optimizada mediante ordenador o bien sancionada por la experiencia. Este proceso es parecido al que se efectúa en un hipermercado: una persona con un carrito va recogiendo los artículos al ir pasando frente a las estanterías.

La preparación de pedidos por lotes consiste en agrupar los pedidos y efectuar el *picking* de forma conjunta y, posteriormente, distribuir los artículos de acuerdo con lo especificado en cada pedido. En este caso, cabe prever un espacio más o menos amplio y próximo a la salida del almacén, con objeto de realizar la consolidación de cada pedido.

Las operaciones de *picking* implican, entre otras, las actividades siguientes: desplazamientos, búsqueda de las referencias, recogida y extracción de los artículos, apilado de los mismos, confección de los documentos de salida, agrupación y embalaje. El porcentaje de tiempo dedicado a cada una de ellas varía de acuerdo con el tipo de producto y de los pedidos. La tabla 2.2 recoge los tiempos típicos de un preparador de pedidos.

Actividad	% del tiempo
Desplazamientos	50
Búsqueda	20
Recogida	15
Apilado y embalado	10
Otros	5

|Tabla 2.2| Distribución típica de los tiempos de un preparador de pedidos. Fuente: Linde, M.H.

2.10 Operaciones de salida

De acuerdo con la composición de los pedidos, las operaciones de salida pueden ser con paletas enteras o con fracciones de las mismas (cajas o unidades). La operación de salida consiste en la verificación de los pedidos, y su colocación en el camión o furgoneta. Este proceso puede efectuarse de diversas maneras, según los elementos de manutención disponibles, mediante una transpaleta manual o eléctrica o una carretilla –contrapesada o retráctil– si el acceso a la caja del camión no puede realizarse a nivel a través de un muelle elevado.

2.11 Zonas del almacén

A la vista de las consideraciones anteriores, un almacén comprende la totalidad o parte de las zonas siguientes:

1. **Muelles y zonas de maniobra.** El diseño de los muelles y las zonas de maniobra depende del flujo, de las características de los vehículos y de los equipos disponibles para la manutención. Es necesario

prever una zona de aparcamiento y de espera de camiones así como los espacios de maniobra. La descarga puede realizarse por los laterales del camión mediante carretillas contrapesadas, o bien por la parte posterior, desde un muelle situado a la altura de la caja. Para conseguir la plena adaptación a las diferentes alturas de la plataforma de los camiones el muelle debe disponer de rampas niveladoras (Fig. 2.9).

2. **Zona de recepción y control.** Espacio donde se verifica que la mercancía recibida corresponda en cantidad y calidad a lo solicitado y se procede a su codificación y entrada en inventario.

3. **Zona de almacenaje propiamente dicho.** Su tamaño y capacidad dependerá del tipo de almacén, de las dimensiones de las unidades de almacenado, SKU,[9] de las características de las estanterías y de los equipos de manutención.

4. **Zona de preparación de pedidos.** Como su nombre indica, es el área del almacén donde se procede al acopio de los materiales que conforman los distintos pedidos, agrupándolos posteriormente de acuerdo a criterios de optimización de transporte, u otros.

5. **Áreas especiales.** Areas frigoríficas, con protección antideflagrante, de especial ventilación, sin luz –o con luz inactínica–, etc., si fuesen necesarias.

6. **Zona de verificación y salida.** Área en la que se comprueba que las mercancías que van a salir corresponden a las cantidades y características de los pedidos.

7. **Otros.** Oficinas, vestuarios, servicios, salas de energía, aparcamiento, mantenimiento, paletas vacías, devoluciones, etc.

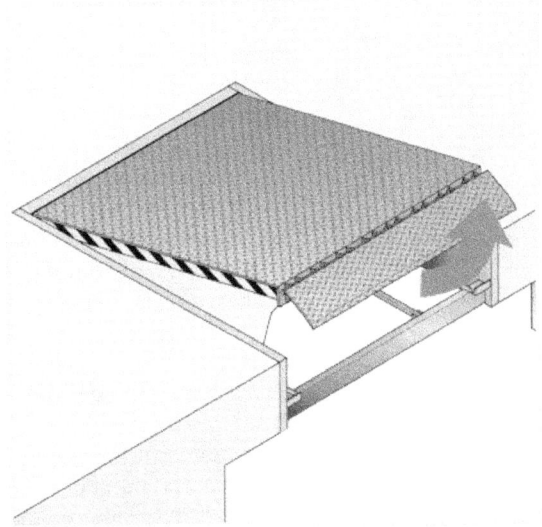

|2.9| Rampa niveladora.
Fuente: Hormann

2.12 Control del almacén

Se ha indicado al principio que una característica básica de un almacén es el control de las mercancías contenidas. Este aspecto es clave. El control del almacén debe estar en condiciones de suministrar permanentemente información sobre las mercancías que entran, las que salen y las presentes (inventario automático).

Mercancías que entran

Las mercancías que entran proceden de los proveedores, de retornos de clientes y de otros almacenes de la misma empresa. En ciertos casos puede incluirse la entrada de mercancías como consecuencia de una regularización del almacén después de un inventario físico.

Todas estas mercancías deben ir adjuntas con un documento de entrada de almacén en el que debe constar la referencia de la orden de compra, la denominación de la mercancía y el modelo si es el caso, y la cantidad y la referencia a la ubicación en la que se almacena.

Mercancías que salen

De forma análoga, las mercancías que salen son hacia clientes, retornos hacia proveedores, envíos a otros almacenes de la misma empresa y, eventualmente, reducciones de inventario como consecuencia de regularizaciones.

Estos movimientos de salida deben ir acompañados de un albarán de salida en donde se indique la referencia (tipo y modelo), la cantidad y el destino.

Inventario

El inventario es el asiento de las mercancías existentes en el almacén en un momento determinado; esto es el conjunto de los *stocks* o saldo de las existencias anteriores y las entradas y las salidas de mercancías desde el anterior inventario.

La valoración de los inventarios puede realizarse de diversas formas:
- a coste de compra
- a coste medio de compra
- a coste de aprovechamiento (si el material es obsoleto o deteriorado)
- a precio actual de compra
- a precio estimado de venta

No obstante, el criterio que se debe seguir en cada empresa es el establecido por las normas contables.

2.13 Sistemas de identificación automática

El conocimiento y el referenciado de las mercancías (tanto en su naturaleza como en su ubicación en el almacén), comportan el establecimiento de un riguroso sistema de codificación. Esta codificación debe permitir la más rápida y fiable identificación y, al mismo tiempo, facilitar la transmisión de la información a otros departamentos de la empresa (compras, comercial, etc.)

Los sistemas automáticos de identificación que pueden emplearse son:
- código de barras
- reconocimiento óptico de caracteres (OCR)
- etiquetas de radio frecuencia
- tiras magnéticas
- sistemas de visión o procesado de imagen

Código de barras

Es el sistema más empleado y su éxito radica en su bajo coste, velocidad de lectura y fiabilidad. Consiste en un conjunto de líneas de diferente grosor y separación. La generación de estas líneas y espacios obedece a la transformación a una base binaria de un conjunto de números, tal como se indica en la figura 2.10.

| 2.10 | Ejemplos de códigos de barras

Los códigos de barras de las etiquetas siguen un estándar llamado EAN-13, basado en el estándar UPC-A de EE UU Los códigos EAN-13 tienen una cifra más que los UPC-A (esta cifra se añadió al principio del código de barras); cuando un lector de códigos EAN-13 lee un código UPC-A, interpreta esta cifra adicional con un 0. Las primeras cifras de un código de barras EAN-13 determinan el país al que corresponde ese código; por ejemplo, España tiene el 84 y Grecia el 520.

Las siguientes cifras identifican al fabricante. En cada país hay un organismo encargado de asignar números a los distintos fabricantes, asegurando que no haya dos con el mismo número. Los siguientes dígitos corresponden al producto; este número es asignado por el propio fabricante. Esta jerarquía de asignaciones permite asegurar que no existan en el mundo dos productos con el mismo código de barras. La última cifra del código es un "dígito de control" que se calcula a partir de las otras cifras, y que sirve para detectar errores a la hora de leer o teclear el código de barras.

La velocidad de entrada manual de los datos de un campo numérico de 13 dígitos representa unos 6,5 segundos (velocidad de pulsación de 120 pulsaciones/minuto) y el tiempo de lectura de un código de barras es, generalmente, inferior a un segundo. La frecuencia de error en el caso de entrada manual es de uno cada 300 pulsaciones; en el caso del código de barras es inferior a uno cada cuatro millones de lecturas.

Además del código EAN-13, existen otras simbologías que se distinguen por las distintas alternativas que proporcionan:
- Numéricas o alfanuméricas
- Longitud fija o variable
- Discretas o continuas
- Método de autoverificación
- Sistemas de impresión utilizados

Asimismo, la mayoría de los códigos de barras tienen carácter bidireccional, es decir, pueden ser leídos de derecha a izquierda o viceversa.

Los lectores de código de barras pueden ser de distintos tipos: lápiz, láser de pistola, láser omnidireccional, etc. La función de estos equipos es leer la información codificada y enviarla a un ordenador que la descodifica y trata la información como si hubiera sido tecleada.

Sistemas de radiofrecuencia

En el caso de los sistemas de radiofrecuencia, una etiqueta adhesiva provista de un chip se fija en las unidades de almacenaje (Fig. 2.11). La codificación del chip puede ser fija o programable. Cuando la etiqueta está dentro del radio de acción de una antena especial (por lo general, inferior a 10 m), los chips pueden ser leídos y la información puede ser procesada.

En el ámbito del almacenaje, la ventaja principal radica en la facilidad en identificar la posición de las unidades de almacenado en sus ubicaciones.

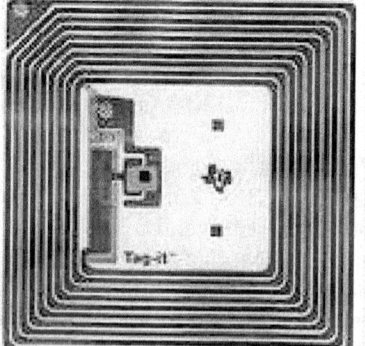

| 2.11 | Etiqueta-chip de radiofrecuencia
Fuente: Sagedata

2.14 Centro de distribución

Los *centros de distribución* son almacenes que mantienen inventarios mínimos, con predominio de artículos de alta demanda y, por lo tanto, con una visión más inmediata y de servicio, mientras que los almacenes convencionales responden básicamente a decisiones de corte estratégico y operacional. En la tabla 2.3 se ponen de relieve las principales diferencias entre un almacén y un centro de distribución.

Como consecuencia de las distintas actividades que se realizan en un centro de distribución respecto a las propias de un almacén convencional, las estructuras de costes de uno y otro son bastante diferentes, tal como puede verse en la tabla 2.4.

| Tabla 2.3 | Diferencias básicas entre un almacén y un centro de distribución

	Almacén	**Centro de distribución**
Productos almacenados	Todo tipo	Artículos de alta demanda
Funciones	Recepción Almacenado Envío (expedición) Selección	Recepción Expedición
Recolección de datos	Por lotes	En tiempo real
Objetivo	Minimizar los costes de operación para satisfacer los requerimientos de envío	Maximizar el beneficio derivado de satisfacer los requerimientos de entrega del cliente

	Almacén	**Centro de distribución**
Mano de obra	37	59
Edificios e instalaciones	31	18
Equipos de manutención	22	15
Otros	10	8
Total	100	100

| Tabla 2.4 | Distribución porcentual típica de costes en un almacén y en un centro de distribución

Intercambiador logístico

En algunos casos, los centros de distribución pueden reducir casi totalmente su capacidad de almacenaje y dedicarse exclusivamente a las funciones de recepción y expedición; es decir, a un mero intercambio de muelles (en inglés, *crossdocking*) que suele conocerse como *intercambiador logístico*, también conocido con el nombre de *almacén de alta velocidad*. En los casos en que la ubicación lo permite, los intercambiadores de muelle se disponen en forma rectangular con los muelles de entrada y salida en lados opuestos.

El interés de los intercambiadores logísticos radica en la consolidación y desconsolidación de cargas, al mismo tiempo que puede cambiarse el tipo de vehículo.

Por ejemplo, un camión de gran capacidad descarga su mercancía por un muelle, y por otro (o el mismo) muelle, varios camiones o furgonetas de menor tamaño son cargados con la misma mercancía para efectuar su distribución por la ciudad.

En otros casos, la operación es la opuesta, varias furgonetas llegan al intercambiador y agrupan sus mercancías en un vehículo de mayores dimensiones. En muchas ocasiones, los *centros integrados de mercancías* no son más que intercambiadores logísticos.

En la figura 2.12 se ilustra la función de los intercambiadores logísticos y de los centros de distribución.

Por lo general, los intercambiadores logísticos consisten en un edificio de planta rectangular provisto de puertas para la entrada y salida de mercancía colocadas en lados opuestos de la nave. La mayor parte del espacio se consume en áreas de descarga y de carga, mientras que el volumen destinado a almacenaje es muy reducido, puesto que normalmente las entradas y salidas de material se producen el mismo día.

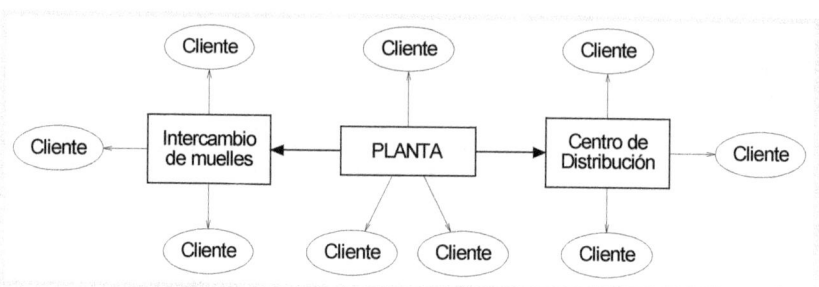

| 2.12 | Flujos de distribución de mercancías

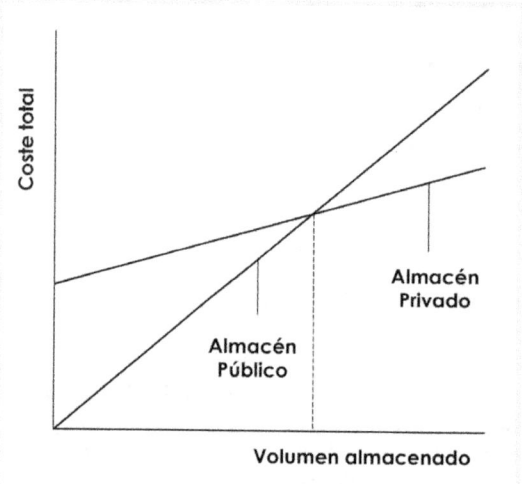

| 2.13 | Costes de almacenado en un almacén público y en uno privado

2.15 Almacenado público y privado

Atendiendo a su dedicación, los almacenes pueden ser privados o públicos. En el primer caso, el almacén es de uso exclusivo de su titular; por el contrario, los almacenes públicos se dedican a prestar el servicio de almacenaje a terceros, alquilando las instalaciones. El alquiler acostumbra a ser por paleta y día y al que se debe añadir los costes de ubicación y de desubicación o de *picking*, según proceda.

Ambos tipos de almacén no son, en absoluto, incompatibles, y a menudo puede ser conveniente disponer de un almacén propio de capacidad media y alquilar las ubicaciones necesarias en épocas de mayor necesidad, por ejemplo, en caso de productos de fuerte estacionalidad. En el caso de los almacenes públicos, los costes son variables mientras que en el caso de un almacén de propiedad, los costes fijos suelen ser muy importantes (Fig. 2.13).

Las principales ventajas e inconvenientes de uno u otro tipo de almacén se resumen en la tabla 2.5.

	Público	Privado
Ventajas	Inversión innecesaria Ajustes a la estacionalidad Riesgo reducido Economías de escala Mayor flexibilidad Eventuales ventajas fiscales Conocimiento exacto de los costes No afectado por disputas laborales	Control Flexibilidad (en ciertos casos) Menores costes a largo plazo Mejor uso de los recursos humanos Eventuales beneficios fiscales Beneficios intangibles
Inconvenientes	Problemas de comunicación Ausencia servicios especializados Puede no haber espacio disponible	Inversión elevada Falta de flexibilidad (en ciertos casos) Restricciones financieras Tasa de retorno

| Tabla 2.5 | Ventajas e inconvenientes de los almacenes públicos y privados

2.16 Factores que afectan al número y a la dimensión de los almacenes

Los factores que se deben considerar en el momento de decidir si proyectar un gran almacén central o varios de menor tamaño son los que inciden en el coste total de la distribución; esto es: los costes de almacenaje y de inventario, que son crecientes al aumentar el número de almacenes, y los de transporte y ventas perdidas y los de mantenimiento del nivel de servicio a clientes, que disminuyen al aumentar el número de almacenes. La curva de costes totales presenta un mínimo, que fija el número óptimo de almacenes (Fig. 2.14).

Por otra parte, a la hora de establecer el tamaño de un almacén conviene tener en cuenta los siguientes aspectos:

a) El objeto del almacén y el nivel de servicio y mantenimiento deseado de los clientes
b) El tamaño del mercado o mercados servidos
c) El número de referencias del almacén
d) Las dimensiones de los productos almacenados
e) Los sistemas de manutención usados
f) El nivel de producción previsto

g) La posibilidad y el interés de establecer economías de escala
h) El tamaño y la forma de envío de los pedidos
i) Los tipos de estanterías usados
j) La distribución en la planta de las mercancías
k) Los requerimientos de áreas de *picking* y de pasillos
l) La zona de oficinas en el almacén
m) Las zonas de servicios
n) Los muelles, aparcamientos y zonas de acceso

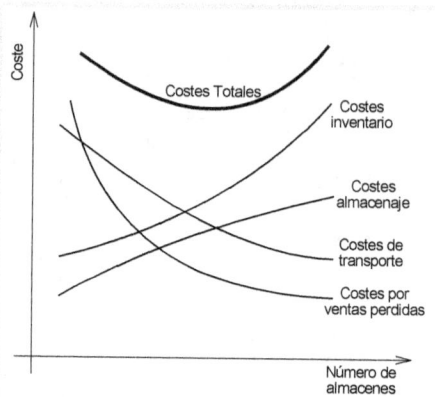

| 2.14 | Variación de los costes de almacenado en función del número de almacenes

Principales factores que se deben considerar en la elección del sitio

Cuando se desea escoger un emplazamiento para un almacén deben tenerse en cuenta una serie de aspectos, que serán distintos según sea el almacén privado o público.

Almacén privado
1. Normativas urbanísticas
2. Naturaleza del entorno
3. Costes de construcción
4. Calidad y variedad de los transportistas que sirven el lugar
5. Cantidad y calidad de la mano de obra disponible
6. Características salariales de la zona
7. Coste y calidad de los terrenos industriales
8. Potencial de expansión
9. Estructura de impuestos
10. Naturaleza y costes de los servicios
11. Costes del dinero
12. Beneficios y/o restricciones gubernamentales

Almacén público
1. Características de la instalación
2. Servicios de almacenaje
3. Disponibilidad y proximidad a terminales de transporte
4. Otras empresas que usan el almacén
5. Infraestructura informática y de telecomunicaciones
6. Tipo y frecuencia de los informes de inventario

2.17 Medidas de la productividad en el almacenaje

A la hora de comparar los niveles de actividad y productividad de los almacenes pueden emplearse algunas de las medidas siguientes:
- Volumen de mercancías (unidades o toneladas) movidas por turno (o por día) en el almacén
- Número de empleados por tonelada (o unidad) movida
- Toneladas (o unidades)/hora cargadas o descargadas
- Pedidos preparados por hora, turno o día
- Porcentaje de pedidos servidos correctamente
- Cantidad de materiales movidos a través del sistema en un período de tiempo dado
- Etc.

Algunos de los ratios logísticos que suelen emplearse en el almacenaje son el índice de rotación de stock, la duración media del stock o el índice de rotura de stock.

El índice de rotación de stock es la relación entre la demanda total en un período determinado –por lo general un año– y el stock medio. Si la rotación de stock es baja, los costes de almacenaje y el riesgo de obsolescencia son elevados; por el contrario, si la rotación es baja, el riesgo de rotura de stock es elevado. La duración media del stock es, lógicamente, el total de días del período considerado dividido por el índice de rotación de stock.

El índice de rotura de stock se expresa generalmente como la relación porcentual entre el número de pedidos no satisfechos como consecuencia de la indisponibilidad de la mercancía y el número total de pedidos.

La suma de las salidas anuales (producto del índice de rotación de *stocks* por el stock medio) proporciona un índice de la actividad del almacén. Si, por ejemplo, la capacidad media de un almacén es de 12000 Unidades Básicas de Almacenado (SKU) y tiene un índice de rotación de stock (*IRS*) de 6, significa que habrá un movimiento de 12000 x 6 = 72000 paletas por año o de 20 paletas/hora, si la carga anual de trabajo fuera de dos turnos de 1800 h.

Aparte de estos ratios de productividad, cabe añadir otros índices de calidad, de capacidad o de respuesta, tales como: porcentaje de errores (reclamaciones por excesos y defectos respecto al total de envíos), porcentaje de daños de envío (reclamaciones por daños respecto al total de envíos), etc.

2.18 Algunos tipos particulares de almacenes

Almacenes para productos perecederos

Los alimentos están compuestos básicamente por distintas proporciones de agua, proteínas, grasas e hidratos de carbono. Cuando un alimento está en contacto con la atmósfera pueden aparecer problemas de base química (reacciones de Maillard, reacciones de oxidación, reacciones enzimáticas), física (cristalización, absorción o desorción de agua) o biológica, que provocan desde una degradación de las propiedades organolépticas y comerciales del alimento hasta el deterioro total del mismo.

Un envase adecuado ayuda a reducir estos problemas, pero no los puede evitar completamente, de ahí la necesidad de fijar, para cada producto, una fecha de caducidad en función de su naturaleza, de las condiciones de envasado y de las condiciones de almacenado.

Los almacenes para productos perecederos deben asegurar:
- un estricto control higiénico y sanitario, tanto de las mercancías como del resto de productos (paletas, materiales de envase y embalaje), equipos y personal
- una rigurosa gestión FEFO, y una codificación que asegure la trazabilidad del producto
- el establecimiento de un flujo de desechos para su correcta eliminación

Ello implica:
- la adecuada elección de los pavimentos y recubrimientos de las paredes laterales, con el objeto de facilitar la limpieza
- un sistema de control de accesos riguroso
- atmósfera controlada, especialmente en humedad y temperatura, que en algunos casos deberá ser fría y húmeda –por ejemplo, para conservación de ciertas verduras y frutas–, mientras que en otros convendrá una atmósfera igualmente húmeda pero más cálida –por ejemplo, ciertas flores como las orquídeas– y, en fin, en otros cálida y seca, por ejemplo, galletas
- subalmacenes bajo condiciones especiales de acceso, atmósfera, etc.
- zonas de espera para productos a ser eliminados

Almacenes frigoríficos

La aplicación del frío es uno de los sistemas más empleados para la conservación de alimentos naturales o preparados y de algunos productos farmacéuticos. A −4°C se inhibe el crecimiento de los microorganismos patógenos; a −10°C se inhibe el crecimiento de los microorganismos responsables de la degradación de los alimentos; a −18°C se inhiben las reacciones de Maillard responsables del oscurecimiento y endurecimiento de los alimentos. A −70°C se anulan todas las reacciones enzimáticas.

Según la naturaleza del producto, se requiere una temperatura de conservación u otra. En la tabla 2.6 se indican las temperaturas de conservación de algunos alimentos.

Alimento *congelado* es aquel en que la mayor parte de su agua de constitución (agua libre) se ha transformado en hielo, al ser sometido a un proceso de congelación especialmente concebido para preservar su integridad y calidad y para reducir, en todo lo posible, las alteraciones físicas, bioquímicas y microbiológicas, tanto durante la fase de congelación como en la de congelación ulterior.

Alimentos *ultracongelados* son aquellos que han sido sometidos a un proceso adecuado de congelación denominado *congelación rápida* o *ultracongelación* que permita rebasar tan rápidamente como sea necesario en función de la naturaleza del producto la zona de máxima cristalización.

Alimento		Temperatura (°C)
Ultracongelados y congelados	Pescados, productos preparados a base de pescado y cualquier otro producto ultracongelado	−18
	Cualquier otro producto congelado excepto mantequilla	−12
	Mantequilla congelada	−10
Productos de caza		+4
Leche en cisterna destinada a consumo inmediato		+4
Mantequilla		+6
Ave de corral y conejos		+4
Productos preparados a base de carne		+6

| Tabla 2.6 | Temperatura de conservación de algunos alimentos

Los alimentos refrigerados son aquellos que se manipulan, almacenan y transportan a una temperatura controlada y fría, pero superior a la de los congelados. Según el tipo de producto, requerirán una temperatura más o menos elevada.

Los almacenes frigoríficos, para productos congelados o refrigerados, requieren un óptimo aprovechamiento del volumen, con el objeto de reducir al máximo los requerimientos energéticos y, al igual que en el caso de los productos perecederos, una adecuada gestión FEFO.

Debe ponerse especial cuidado en el diseño de los accesos al almacén (muelles, puertas, túneles de ajuste a las puertas del camión, etc.) con el objeto de asegurar la máxima celeridad en las operaciones de carga y descarga y evitar la rotura de la cadena de frío; con este propósito los recintos de recepción y expedición no deben mantenerse en ambientes con temperaturas inferiores a +10ºC.[10]

2.19 Consideraciones generales para el diseño de los almacenes

En el diseño de un almacén deben tenerse en cuenta:

- Objetivos logísticos que se persiguen
- Capacidad de almacenaje:
  - Número de referencias y nivel de almacenado para cada una de ellas
  - Unidades de carga (tipo de paletas, cajas, bidones, etc.)
  - Recepción diaria de mercancía (reposición)
- Pedidos diarios y composición
- Características de los materiales almacenados
- Características de las estanterías (cargas y alturas previstas)

- Características de los equipos de manutención
- Sistema de recepción de las entradas y requerimientos de muelles de descarga
- Sistema de preparación de los pedidos y requerimientos de muelles de carga
- Dimensiones de la parcela y limitaciones administrativas que pudieran existir
- Sistema de gestión del almacén (nivel de automatización previsto)

Se realiza una primera aproximación y se establecen, *a priori*, cuáles serán las necesidades de espacio y de mano de obra y se proyecta una primera distribución en planta.

A partir de estos datos se efectúa un cálculo de la capacidad estática del almacén. Para ello se tendrá en cuenta el stock mínimo y máximo de cada referencia, así como las unidades de carga previstas. Ello permite conocer el número total de ubicaciones requeridas. A partir de este dato, y conociendo el método de transporte interior,[11] puede efectuarse una estimación de la superficie de la nave.

Por ejemplo, se desea almacenar un total de 2016 paletas de 800 x 1200 mm y una altura entre estanterías de 1,5 m, en una nave rectangular. Si el equipo de manutención es una carretilla contrapesada, la anchura mínima de pasillo para poder maniobrar y ubicar la carga es de 3,2 m y la altura máxima de elevación es de unos 5 m.[12] Ello significará que se necesitará un total de 14 filas de estanterías, de 4 niveles de almacenado, con 7 pasillos. Las dimensiones de la nave, teniendo en cuenta un pasillo al final de las filas de estanterías, serían de 41,3 x 39 m y una altura total de 6,5 m, y el índice de utilización de superficie, es decir, la relación entre la superficie proyectada de las estanterías y la total de la nave, sería del 30%.

Si las mismas paletas (idéntica capacidad de almacenado) pueden ser movidas mediante carretillas retráctiles de doble profundidad, los pasillos podrían reducirse a 3 m y las alturas de apilado podrían llegar a 7 niveles, en una nave de 24 x 26,6 m y 11 m de altura total. En este caso, el índice de ocupación de parcela llegaría 43%. Sin embargo, la accesibilidad a las paletas y los tiempos de ubicación y desubicación y transporte de las paletas serían distintos. Por ello es imprescindible realizar el cálculo de la capacidad dinámica del almacén.

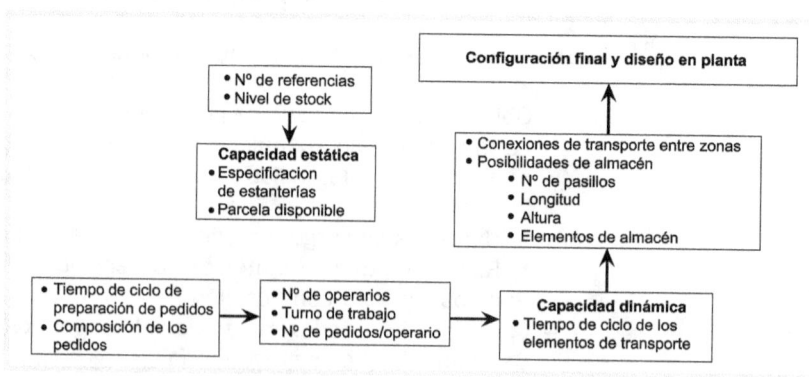

|2.15| Proceso de diseño de un almacén

Conociendo los tiempos medios de preparación de pedido, la composición de los pedidos, el criterio de ubicación de las cargas y las características de los equipos de manutención, puede estimarse el número de operarios necesarios y los tiempos de ciclo. El proceso se resume en la figura 2.15.

La planificación y el proyecto de un almacén es una operación compleja en la que intervienen ingenieros de diversas especialidades: civiles, mecánicos, eléctricos y de organización. En el proyecto del almacén debe tenerse en cuenta tanto los costes de construcción como la flexibilidad y la capacidad de ampliación, las condiciones laborales y la seguridad respecto a incendios o cualquier otro tipo de daño (agua, humedad, calor, robo, etc.).

Estructura

La estructura puede ser de acero u hormigón. La elección de uno u otro tipo de material obedece a varias razones: económicas, estéticas, resistentes, de permanencia, etc. Sin embargo, es básico escoger una separación entre columnas que permitan la aplicación de un módulo de las dimensiones de las estanterías y la plena accesibilidad a los pasillos.

En el diseño de un almacén, la elección del módulo constructivo debe supeditarse al módulo logístico, aunque éste encarezca el anterior, puesto que la amortización del incremento de costes de construcción será siempre menor que el incremento de costes logísticos si el diseño es poco afortunado. La distancia entre columnas debe fijarse en función de la anchura de los pasillos y de las estanterías que, a su vez, dependerán del tipo de unidad de carga y de equipo de manutención previsto y no al revés, como a menudo sucede.

Cerramientos

Los límites del almacén son el suelo, el techo y las paredes laterales. Los problemas asociados con el pavimento pueden ser los de una inadecuada resistencia mecánica para el nivel de cargas previsto en las estanterías o en los equipos de manutención, irregularidades en el pavimento, falta de lisura o una barrera insuficiente a la temperatura o a la humedad. La horizontalidad y la regularidad del pavimento es tanto más importante cuanto más elevada sea la altura de almacenaje.

La característica principal del techo debe ser la impermeabilidad al agua y un aislamiento térmico suficiente de acuerdo con los requerimientos de los productos almacenados.

Las paredes o cierres laterales deben proporcionar una barrera contra el calor y frío, agua, viento y entradas indeseadas (polvo, productos químicos, animales o personas no autorizadas). Las ventanas y puertas permiten la entrada de aire, luz, lo que no siempre es conveniente dadas las características de un almacén particular. En muchos casos, especialmente en almacenes automatizados o en almacenes autoportantes, no existe ningún tipo de ventana.

Zonas de maniobra y aparcamientos

En el diseño de un almacén deben tenerse en cuenta las zonas necesarias para el aparcamiento y las maniobras de los camiones y furgonetas que acceden al mismo. Este espacio puede ser muy variable según la ubicación, el número y tipo de vehículos, los tiempos de espera previstos, etc.

A título de ejemplo, en la tabla 2.7 se muestran los radios mínimos de giro de algunos vehículos. A estos valores habrá que añadir las distancias correspondientes al voladizo anterior y posterior del vehículo para fijar la distancia mínima entre paredes.

En el caso de manejo de cargas a granel será imprescindible prever la ubicación de una zona de pesaje (básculas).

Tipo de vehículo	Radio mínimo de giro (m)	Radio interior mínimo (m)
Furgoneta	8,5	4,8
Camión simple	12,8	8,5
Semitrailer medio	12,2	5,8
Semitrailer largo	13,7	5,9
Semitrailer con remolque	13,7	6,8

| Tabla 2.7 | Radios mínimos de giro

Muelles

Los muelles pueden diseñarse de forma que la aproximación de los camiones sea perpendicular al edificio principal o que tengan una disposición inclinada, generalmente a 45° (Fig. 2.16).

La profundidad señalada en la figura es la mínima y hay que añadir la distancia necesaria para la maniobra de atraque. Es conveniente –e imprescindible en zonas lluviosas– disponer de marquesinas en voladizo sobre los muelles para protección de la intemperie.

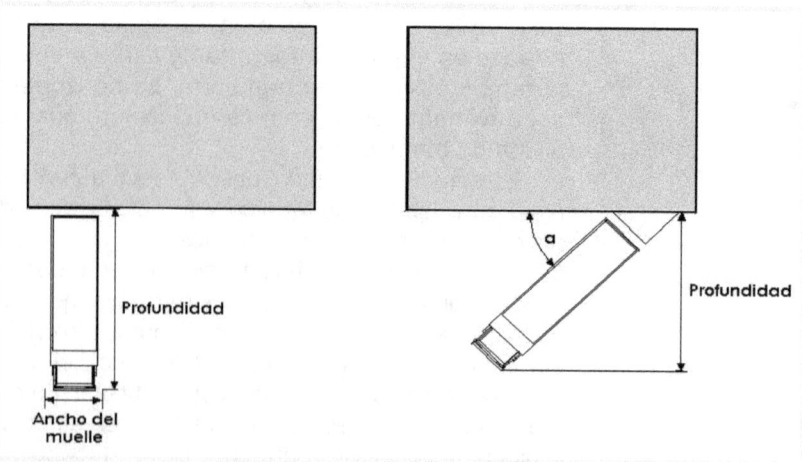

| 2.16 | Muelles

Para poder asegurar el acceso directo de transpaletas y carretillas desde el muelle a la caja del camión, es conveniente la inclusión de rampas niveladoras. En el caso de muelles para almacenes frigoríficos, el muelle deberá ir provisto de un abrigo o túnel aislado para unir la caja del camión con la puerta de entrada al almacén (Fig. 2.17).

Puertas

Las puertas de los muelles deben proporcionar seguridad y protección contra la intemperie y aislamiento térmico. Atendiendo a su mecanismo, las puertas pueden ser de bisagras, correderas, telescópicas, basculantes y enrollables. En relación a los materiales, las puertas pueden ser metálicas o plásticas (Fig. 2.18).

| 2.17 | Abrigo o refugio de muelle. Fuente: A. Mir

| 2.18 | Puerta de almacén. Fuente: Krode

Según el accionamiento, pueden ser manuales, eléctricas, neumáticas o hidráulicas. Las dimensiones de las aberturas deben ser suficientes para permitir el paso de las carretillas con la correspondiente carga. En el caso de puertas interiores, si el tráfico de carretillas es importante, es preciso disponer de una puerta de abertura automática o de una batiente con una puerta anexa para el paso de personas. Las puertas de impacto de material transparente y flexible y las cortinas de láminas plásticas son adecuadas para evitar corrientes de aire, pero no evitan las pérdidas de calor, por lo que no son adecuadas en el caso de recintos climatizados y, mucho menos, para cámaras frigoríficas.

Instalaciones

Las diversas instalaciones pueden representar del 10 al 35% del coste total del almacén. Entre las principales instalaciones cabe citar:

- **Climatización.** El sistema de climatización debe proporcionar las condiciones ambientales previstas en el diseño del almacén –que dependerán del tipo de actividad que desarrolle y de las mercancías almacenadas–. En el caso de almacenes automáticos y materiales nada o poco sensibles a las variaciones de temperatura y humedad (dentro de los rangos habituales), no es necesaria la climatización. El caso opuesto es el de los almacenes para productos congelados, en el que las condiciones de almacenaje son muy rigurosas y en el que el diseño de la nave y la elección de los materiales del pavimento, techo y cerramientos se realiza precisamente en función de las instalaciones de climatización.

— **Alumbrado.** El alumbrado no siempre es necesario, por ejemplo en los almacenes totalmente automatizados; ni conveniente, como sería el caso del almacenaje de ciertos productos perecederos o sensibles a la luz.

El nivel mínimo de iluminación del almacén estará en función de la atención visual requerido. En relación con el *RD 486/1997 Lugares de trabajo*, los pasillos de circulación de uso exclusivo en los que no se requiera lectura alguna tendrán una iluminación mínima de 50 lux. Cuando se requiera la lectura de texto que precise una atención visual baja el nivel mínimo será de 100 lux.

En las zonas de preparación de pedidos, en cambio, la intensidad debe ser más elevada, pudiendo alcanzar los 500 lux.

— **Instalación eléctrica.** La instalación eléctrica debe ser suficiente para asegurar las necesidades energéticas derivadas de la iluminación, iluminación exterior, iluminación de emergencia, equipos instalados (climatización, equipos de manutención, retractiladoras...), carga de baterías, talleres auxiliares, etc.

— **Instalaciones de seguridad.** El riego de incendio varía de acuerdo con las características de los materiales almacenados y de los materiales de los elementos de carga y almacenaje (paletas, cajas de cartón, etc.) que por lo general son fácilmente combustibles. La extinción de un incendio puede ser extremadamente difícil en el caso de almacenes de pasillos estrechos o de almacenes autoportantes provistos de transelevadores. La altura de almacenado y la angostura de los espacios hacen casi imposible la extinción manual y debe preverse un sistema de detección y extinción automático. Las instalaciones de detección deben ser las adecuadas para las características de los materiales almacenados (detectores térmicos, de humo, etc.) y tienen que ubicarse no sólo en el techo del almacén, sino también entre las estanterías, habida cuenta de la dificultad de detección en almacenes con elevada densidad de almacenaje.

Y lo mismo para las instalaciones de extinción. Los rociadores automáticos (*sprinklers*) se tienen que instalar entre las estanterías como un elemento integrado de éstas, y en el techo de la nave.

A menudo suele ser conveniente segregar las áreas del almacén en distintas zonas con niveles de protección distintos. La elección de un u otro sistema de detección y de extinción y su proyecto específico, requiere el concurso de especialistas y escapa al objeto de este capítulo.

La protección de los productos almacenados contra otros daños, por ejemplo inundaciones, hurtos o robos, requiere, asimismo, de un análisis particular de cada situación.

— **Otras áreas e instalaciones.** Entre otras, cabe citar: oficinas, comedores, áreas de descanso, vestuarios, duchas, servicios, etc.

elementos de soporte

En el presente capítulo se describirán los principales elementos de transporte y soporte y de las cargas: paletas, bidones, contenedores y estanterías.

3.1 Paletas

La paleta es una plataforma rectangular horizontal utilizada como base para apilar, almacenar, manipular y transportar cargas en general (Fig. 3.1). La altura sobre el suelo de esta plataforma permite su manejo mediante medios mecánicos que, en forma de horquilla, se introducen bajo dicha plataforma.

El actual desarrollo de la manipulación de cargas tiene sus antecedentes en la II Guerra Mundial. La necesidad de un transporte que permitiera una carga y descarga rápida comportó la normalización de plataformas de diferentes concepciones y materiales. La paleta presentaba una serie de ventajas evidentes que explican su posterior éxito. Las ventajas del transporte de materiales paletizados son el aumento de la seguridad y la reducción de los costes de manipulación a menos de la décima parte que si los materiales se manipulan sin paletizar.

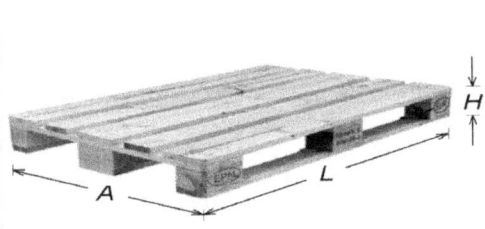

A	L	H
800	600	144
	1000	
	1200	
1000	1000	
	1200	

| 3.1 | Paleta de madera

En el campo civil, la paleta empezó a emplearse en el transporte ferroviario y para facilitar el cambio modal tren/camión. En España, su introducción empieza a mediados de los años sesenta.

El 85% del parque mundial de paletas es de madera, aunque existen también paletas de plástico (permiten que puedan ser mojadas), metálicas (por ejemplo, de acero inoxidable que permite la esterilización) y mixtas.

3.2 Características y dimensiones

El material suele ser madera de resinosa (pino, picea, abeto de Douglas, etc.) o de frondosa (eucalipto, abedul, chopo, etc.), aunque pueden emplearse otros materiales según las disponibilidades locales; la capacidad de carga estática máxima puede alcanzar los 40000 N aunque la carga en estantería raramente rebasa los 15000 N.

En la figura 3.1 se muestran las principales dimensiones de las paletas y en la figura 3.2 las configuraciones más habituales.

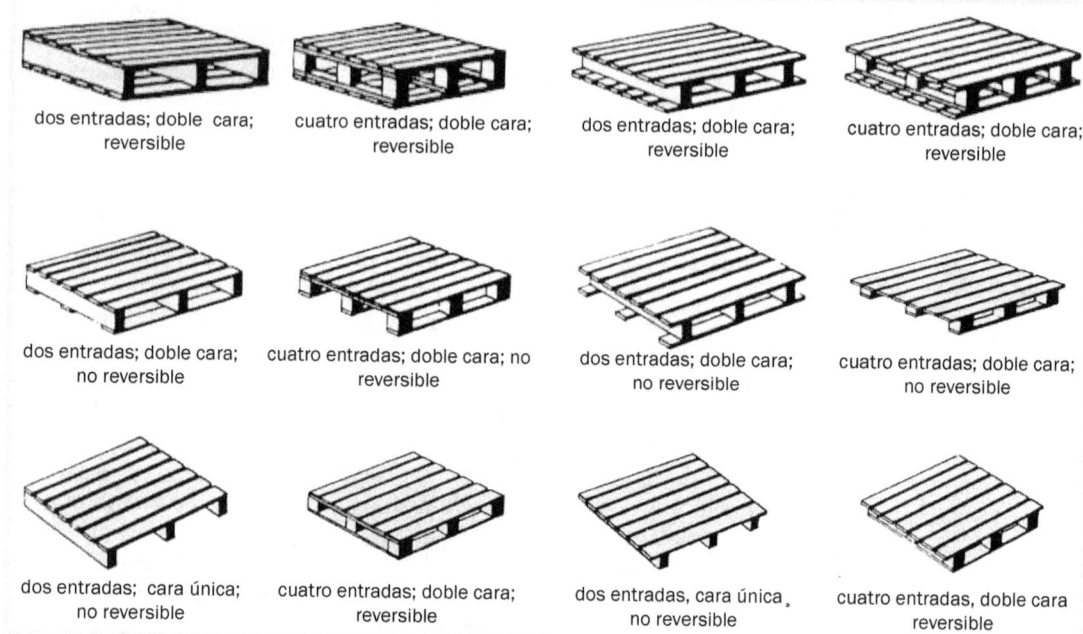

| 3.2 | Diferentes configuraciones de las paletas

3.3 Normalización de paletas

Las dimensiones de las paletas normalizadas están contempladas en la norma UNE-EN 13382 de 2002 (sustituye a la UNE 58005 de 1993). Las medidas modulares están basadas en el módulo (M) de 400 x 600 mm y corresponden a:

- 800 x 1200 mm (4M). Europaleta, la más extendida en Europa para transporte terrestre
- 1200 x 1000 mm (5M). Ampliamente usada para transporte en contenedor
- 1000 x 1200 mm (5M). Ídem
- 800 x 600 mm (2M). Media paleta
- 1200 x 1200 mm (6M)

Además de estas dimensiones modulares normalizadas existen numerosas disposiciones y medidas de paletas para aplicaciones específicas.

Aprovechamiento del espacio

El aprovechamiento del espacio se define como la relación existente entre el espacio ocupado por las paletas y el espacio interior disponible del vehículo o contenedor de transporte.

El ancho máximo exterior autorizado para los camiones es de 2,55 m, salvo para los frigoríficos en que se admite un ancho máximo de 2,60 m. La anchura interior depende del tipo de carrozado de la caja y de su grosor. En una plataforma de camión de 13,5 m de longitud y 2,50 m de anchura, pueden ubicarse un total de 15·2 + 3 = 11·3 = 33 europaletas según las disposiciones de la figura 3.3.

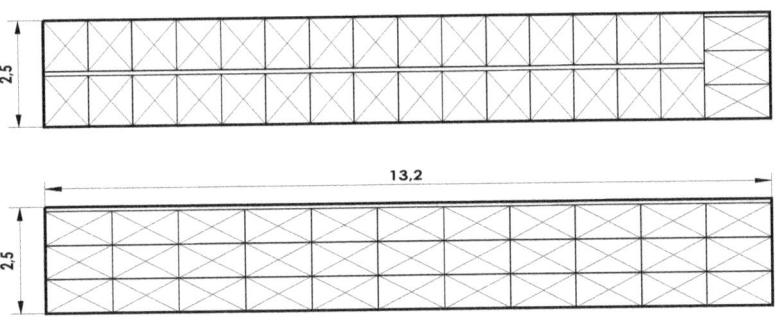

| 3.3 | Disposiciones de paletas en la plataforma de un camión

En el caso de contenedores marítimos, el ancho interior normalizado es de 2,30 m, por lo que la paleta de 1000 x 1200 mm permite un mejor aprovechamiento de espacio.

3.4 Capacidad de carga

La capacidad de carga de una paleta depende de la configuración, del grosor y de la calidad de la madera. Depende también de la carga transportada. Una paleta a la que se le atribuya una capacidad nominal de carga, Q, cuando ésta es uniformemente repartida, podrá soportar una carga máxima menor o mayor según sea la naturaleza y dimensiones de dicha carga, tal como se muestra en la tabla 3.2, obtenida de la norma UNE 58 009.

Altura de carga

Como norma general, la altura máxima es de 1,45 m, pero en ciertos subsectores de distribución comercial se admiten las alturas totales que señala la tabla 3.1. Las alturas indicadas se entienden con la paleta incluida.

Subsector	Altura máxima (m)
Celulosa (pañales, compresas, etc.)	2,00
Servilletas	1,35
Aguas (botellas de 1,5 l o garrafas de 5 l)	1,7
Detergentes	De 1,45 a 2,00

| Tabla 3.1 | Alturas máximas de paletas cargadas

Disposición de la carga en la paleta	Ejemplo	Superficie de la paleta que soporta la carga	Carga máxima en servicio
Carga específica	Motor eléctrico	$< 0,3A$	$0,6Q$
Carga parcial o concentrada	Caja grande (superficie menor que la de la paleta)	$0,3 \div 0,85A$	Q
Carga uniformemente repartida o articulada	Conjunto de envases unidos mediante film retráctil	$> 0,85A$	Q
Carga de unidades desiguales, uniformemente repartida	Conjunto de envases sin sujetar	$> 0,85A$	$1,25Q$
Carga homogénea, uniformemente repartida	Envases simétricos correctamente dispuestos y atados	$> 0,85A$	$1,5Q$
Carga sólida	Conjunto de bloques de hormigón	$> 0,85A$	$1,5Q$

A: Superficie total de la paleta

|Tabla 3.2| Relación entre la capacidad nominal, Q, y la carga máxima en servicio (UNE 58 009)

3.5 Sistemas de apilado y fijación

La capacidad de carga de las paletas viene condicionada, tal como se ha indicado, por el apilado y la fijación de la carga. La Asociación Española de Codificación Comercial, AECOC, ha efectuado una serie de recomendaciones destinadas a la configuración de las paletas cargadas con el propósito de evitar desajustes de la carga durante su manutención y almacenado. Las paletas suelen manipularse por el lado más estrecho, ya que las europaletas incorporan tres patines inferiores en sentido de la longitud mayor (1200 mm) y éstos se han de apoyar en los largueros de las estanterías.

Las consecuencias de un apilado defectuoso son: dificultad en la manipulación, imposibilidad de cubrir totalmente la plataforma de los vehículos, impedimento de la correcta estiba de la carga y dificultad que otras cargas puedan estibarse correctamente en su contorno, y aumento del riesgo de caídas de las cargas y de accidentes de los operarios que las manejan.

Las figuras 3.4 y 3.5 muestran el efecto del desajuste de la carga y de un entrecruzado de cajas insuficiente; las figuras 3.6, 3.7 y 3.8 explican la formación de huecos entre cajas, que reciben nombres particulares en la jerga del embalaje y que, en cualquier caso, se traducen en pérdidas de consistencia del conjunto.

elementos de soporte

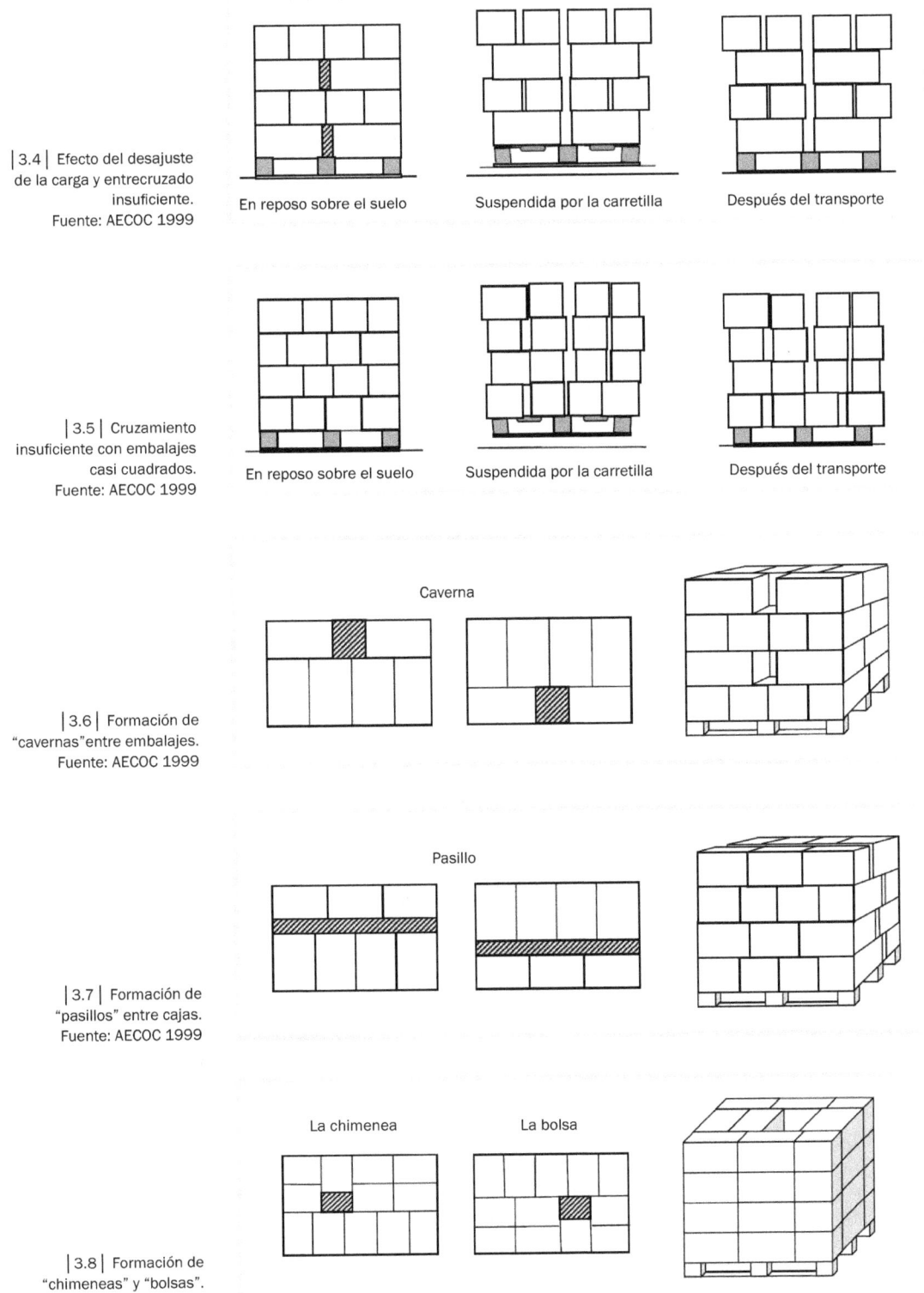

| 3.4 | Efecto del desajuste de la carga y entrecruzado insuficiente.
Fuente: AECOC 1999

| 3.5 | Cruzamiento insuficiente con embalajes casi cuadrados.
Fuente: AECOC 1999

| 3.6 | Formación de "cavernas" entre embalajes.
Fuente: AECOC 1999

| 3.7 | Formación de "pasillos" entre cajas.
Fuente: AECOC 1999

| 3.8 | Formación de "chimeneas" y "bolsas".
Fuente: AECOC 1999

3.6 Contenedores

Un contenedor es una caja metálica de dimensiones y características normalizadas que se emplea, fundamentalmente, para el transporte intermodal de mercancías. El término *contenedor* agrupa los accesorios y el equipo del contenedor según la categoría, siempre que se transporte junto con el contenedor.

Tal como especifica la norma UNE 117 101:2003, el contenedor es un elemento modular de transporte integrado tal que:
- constituya un compartimiento total o parcialmente cerrado, destinado a contener mercancía.
- tenga un carácter permanente y que sea lo suficientemente resistente como para permitir ser usado repetidas veces.
- esté parcialmente concebido para facilitar el transporte de mercancías por uno o varios medios de transporte sin rotura de carga.
- esté pensado para ser manipulado fácilmente, en especial en las operaciones de trasbordo de un medio de transporte a otro.
- esté diseñado de forma que sea fácil de llenar y vaciar.
- su volumen interior sea superior a $1m^3$.

Los antecedentes históricos de su aplicación civil están en los EE UU de la posguerra mundial (1952, Sea Land) y en el Reino Unido hacia los años sesenta; en 1972 de pone en marcha en España el primer servicio de trenes exprés de contenedores (TECO).

El contenedor puede ser aportado por el cliente o por el transportista para uso de un único cliente o para multiuso (grupaje).

Ventajas e inconvenientes

Entre las principales ventajas cabe citar:
- Elimina las manipulaciones intermedias, lo que se traduce en:
  - reducción de embalajes
  - menos deterioros
  - menor riesgo de robos
- Facilita el transporte puerta a puerta.
- Se reduce el papeleo, así como los costes de almacenaje e inventario.
- Se necesita menos mano de obra, lo que reduce considerablemente los costes.
- La uniformidad de las tareas reduce al mínimo la necesidad de formación técnica y mayor productividad laboral.
- La gama de mercancías que pueden ser transportadas por contenedor es muy amplia.

De los inconvenientes, hay que destacar:
- Es necesaria una gran inversión económica inicial para comenzar el transporte por contenedores (compra de contenedores, barcos, instalaciones en terminales y equipamiento).
- Algunas mercancías no son aptas o no resultan económicas para el transporte por contenedor.
- Se requiere una utilización a gran escala. Los contenedores no

siempre están llenos cuando se les envía al punto de destino, y un contenedor que no está totalmente cargado reduce rentabilidad.
- La manipulación de la carga en el lugar de recepción no siempre es la adecuada.
- La fluctuante intensidad en el transporte entre dos puntos específicos afecta negativamente a la productividad.
- La recuperación (viaje de retorno) de los contenedores vacíos.

Sobre este último punto se han desarrollado diferentes soluciones alternativas: contenedores de alquiler, contenedor multiuso, contenedores plegable, etc.

Modelos de contenedores

Los tipos más corrientes de contenedor utilizados actualmente son los siguientes:
- **Contenedor de 20 pies (6 m) para carga sólida.** Es el contenedor universal por antonomasia y se emplea para usos generales y carga sólida. Tienen 2,4 m (8 pies) de ancho, por lo que el centro de carga está a 1200 mm (Fig. 3.9). El *Twenty feet Equivalent Unit* (TEU) es la unidad básica de transporte por contenedor. De esta forma se dice que un buque puede transportar 2000 TEU o que un almacén tiene una capacidad de 1300 TEU, etc.

- **Contenedor de 40 pies (12 m) para carga sólida.** Análogo al anterior pero con una longitud 12 m y equivale a 2 TEU. Es, en la actualidad, el contenedor más utilizado en transporte marítimo.

- **Descubiertos** (*Open top*). Contenedores de 6 y 12 m con la parte superior abierta, para transportar mercancías que no se estropeen si están al descubierto (Fig. 3.10).

- **Contenedor-tanque** (*Tank container*). Contenedor–cisterna de 20 pies (6 m) para el transporte de líquidos, tales como productos químicos, dentro de un bastidor tipo caja. Pueden tener 8 pies (2,4 m) o 8,6 pies (2,6 m) de altura (Fig. 3.11).

- **Contenedor de media altura** (*Half–height container*). Puede ser abierto, de techo rígido o lona, y paredes sólidas o jaula. Mide 4 pies (1,2 m) o 4,3 pies (1,3 m) de altura y puede transportar minerales o materiales semielaborados (Fig. 3.12).

- **Contenedores planos plegables** (*Flat rack*). Consisten en una plataforma plana y unos extremos provistos de bisagras que pueden ponerse verticales para formar un módulo de contenedor o pueden plegarse para permitir el almacenaje de contenedores en cuestión (Fig. 3.13).

- **Contenedor frigorífico** (*Reefer container*). Contenedores–frigoríficos de 20 y 40 pies (12 m) con puertas en un extremo y una unidad de refrigeración autónoma incorporada en el opuesto (Fig. 3.14).

almacenaje, manutención y transporte

| 3.9 | Contenedor cerrado para carga sólida.
Fuente: inter-con

| 3.10 | Contenedor descubierto.
Fuente: shipping-worldwide

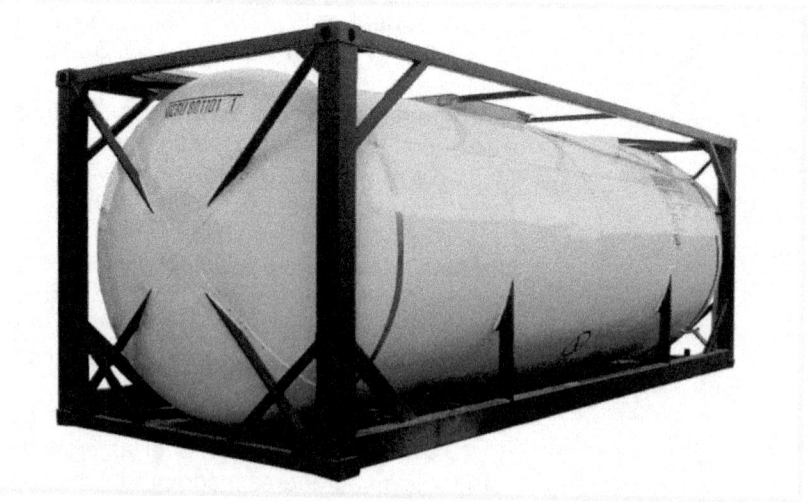

| 3.11 | Contenedor-tanque.
Fuente: maritrade

elementos de soporte

|3.12| Contenedor de media altura

|3.13| Contenedores plegables.
Fuente: cobracontainers

|3.14| Contenedor frigorífico.
Fuente: iflcontainers

Dimensiones

Las normas para los contenedores las establece la ISO y algunas de las medidas y pesos especificados son los que se indican en las tablas 3.3 y 3.4.

Longitud nominal (m)	Masa bruta máxima (kg)	Tara aproximada (kg)
6	24000	2000
9	25400	3000
12	30480	3800

| Tabla 3.3 | Cargas brutas máximas. Fuente: UNE 1171 01:2003

- **Masas máximas.** Son las que se indican en la tabla 3.3. Sin embargo, un contenedor puede cargarse hasta un 10% más de lo especificado, o con la carga descentrada. Por lo tanto, un vehículo que transporte contenedores debe tener una capacidad operativa de 34 000 kg, con centro de carga a 1 200 mm, si se trata de un contenedor de 12 m y de 26 400 kg en el caso del de 6 m.

- **Dimensiones máximas.** Son las mostradas en la tabla 3.4.
  Todos los contenedores están provistos de cantoneras de hierro forjado en cada una de las ocho esquinas. El diseño y la posición de estas cantoneras deben estar perfectamente ajustados a norma, puesto que de ello depende el éxito en la automatización del proceso de carga y descarga de contenedores. Cada una de estas piezas tiene unas aberturas en forma de muesca en dos extremos y en la cara superior o inferior. Una pieza giratoria de sujeción se introduce en la abertura por el extensor perteneciente a un equipo móvil, que la hace girar 90°, con lo que la pieza giratoria de sujeción queda fija al contenedor y bloqueada, y éste estará listo para el transporte. Las muescas de las caras laterales son para la sujeción en estiba para el transporte marítimo.

Longitud nominal			40 pies	20 pies
Altura nominal (pies)	Altura total (mm)	Anchura total (mm)	Volumen interior (m^3)	Volumen interior (m^3)
8	2 438	2 438	60,6	31,4
8,5	2 591	2 438	64,8	33,6
9	2 735	2 438	68,7	35,7
9,5	2 918	2 438	73,8	38,3

| Tabla 3.4 | Dimensiones de los contenedores

Los contenedores especiales constituyen menos de un tercio de la población total de contenedores, pero indican la necesidad de adaptarse a situaciones fuera de lo corriente siempre que sea preciso. Se ajustan a las normas ISO en cuanto al peso, y son izados por los mismos puntos que los contenedores de medida estándar.

Los contenedores pueden ser manipulados mediante distintos equipos: grúas, carretillas contrapesadas de horquillas o con accesorios especiales, o bien mediante equipos dedicados (Figs. 3.15, 3.16 y 3.17).

| 3.15 | Grúa para manejo de contenedores. Fuente: Konecrane

| 3.16 | Carretilla contrapesada para manutención de contenedores. Fuente: Hyster

3.7 Logística inversa y retorno de los contenedores

El contenedor puede ser de propiedad o de alquiler. Hay una tendencia general hacia la reducción de los contenedores de propiedad y la aparición de grupos multinacionales que alquilan y gestionan los contenedores. La razón estriba en que uno de los problemas que plantea el uso de contenedores puerta a puerta es el retorno de los mismos en vacío, una vez efectuado el transporte.

En algunos trayectos en los que la balanza comercial esté muy desequilibrada, el porcentaje de retorno de contenedores vacíos hacia el país de origen puede alcanzar el 50%. Algunos de estos retornos se deben a acuerdos comerciales particulares, en los que se asegura el retorno del contenedor con independencia de si lleva o no carga. Es el caso a) de la figura 3.18. Ello significa un despilfarro de recursos de transporte, tanto terrestre como marítimo.

A medida que tanto el incremento de los costes energéticos como la conciencia de la necesidad de un transporte sostenible ha ido impregnado las distintas capas de la sociedad, se ha procurado encontrar soluciones a la problemática del retorno de contenedores. El problema se resuelve en parte, como se ha dicho, con la creación de grandes grupos de usuarios de contenedores: alternativa b) de la Fig. 3.18, que evita el viaje marítimo de retorno en vacío. En paralelo, sin embargo, se están desarrollando otras dos grandes líneas de actuación:

1. Creación de bases de datos en red con el fin de proporcionar información vía Internet para compartir uso de contenedores. El éxito del método radica en la información en tiempo real de forma que los contenedores de importación regresen a sus orígenes con el material a exportar. Es la alternativa c) de la figura 3.18.
2. Aumento del uso de contenedores plegables con objeto de aminorar los costes de retorno, en el caso de un viaje de regreso en vacío.

3.8 Contenedores de manutención (cajas y jaulas)

Entre otros cabe señalar:

a) Paletas–caja. Consisten en cajas de madera, metálicas o plásticas solidarias con una paleta de dimensiones normalizadas o no; de esta manera aúnan la facilidad de transporte de las cargas paletizadas con la capacidad de contención de una caja (Fig. 3.19).
b) Jaulas. Permiten la agrupación de objetos no envasados, o no apilados.
c) Paletas móviles. Se trata de paletas provistas de ruedas para facilitar el desplazamiento; se emplean especialmente en el sector de productos de gran consumo y son también conocidas con el nombre de *roll–containers* (Fig. 3.20).
d) Cajas y cajones de transporte; con multitud de tipos, materiales y dimensiones: cajas de cartón y cartón ondulado de formas y dimensiones normalizadas, cajas de plástico apilables o encajables, etc.
e) Accesorios para paletas. Existen en el mercado un sin fin de accesorios para facilitar la agrupación de cargas paletizadas; entre otros:

| 3.17 | Manipulador telescópico para manutención de contenedores. Fuente: Linde, M.H.

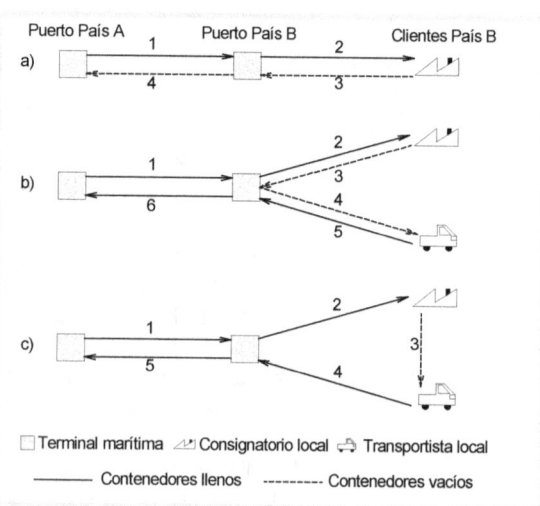

| 3.18 | Flujos de contenedores. Adaptado de Le Dam Hanh (2003)

- Collarines fijos de madera, para permitir el apilado de paletas sin dañar el contenido.
- Collarines abatibles. Ídem, pero facilita la carga y descarga.

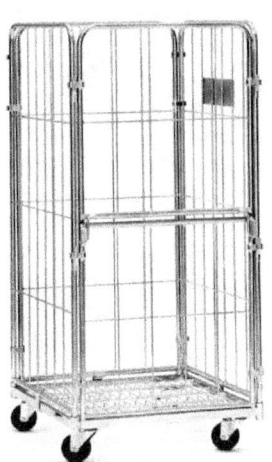

| 3.19 | Paleta-caja de plástico. Fuente: Famispa

| 3.20 | Roll-container Fuente: Wanzl

3.9 Bidones

Existen en el mercado un gran número de bidones disponibles en diversas configuraciones, materiales y dimensiones. Las más frecuentes se indican en la tabla 3.5 y en la figura 3.21.

| Tabla 3.5 | Tipos de bidones

Tipo	Capacidades (dm^3)	Características
Tapa fija (*Tight Head*)	37 a 208	Con y sin revestimiento interior (resinas fenólicas)
Tapa practicable (*Open Head*)	37 a 208	Con y sin revestimiento interior (resinas fenólicas y epoxi)
Acero especial (*Specialty Steel Drums*)	15 a 208	Aceros especiales y aceros inoxidables
Reutilizables (*Salvage*)	315	Con y sin recubrimientos
Plástico tapa fija (*Tight Head*)	37 a 208	Polietileno de alta densidad (HDPE)
Plástico tapa practicable (*Open Head*)	113 a 208	Polietileno de alta densidad (HDPE)
Fibra (*Fiber*)	37 a 29	
Bidón-paleta (*Intermediate Bulk Container*)	Hasta 1500 kg	Paleta de madera, plástico o acero

almacenaje, manutención y transporte

Metálicos de tapa fija

Metálicos de tapa practicable

Especiales

Plástico

Fibra

Contenedores

| 3.21 | Diferentes ejemplos de bidones

3.10 Estanterías

Una estantería es una unidad de estantes para el almacenamiento de objetos. Está formada por bastidores, pies, arriostramientos y los estantes propiamente dichos. Las estanterías de almacenaje pueden ser ligeras de uso convencional, para paletas, para cajas, para cajas tote, dinámicas y móviles.

Estantería ligera

Se emplea para almacenaje de objetos, duraderos y/o perecederos, de peso y volumen medianos. Normalmente se almacena hasta un volumen de unos 200 o 300 litros de la mercancía u objeto; para mayores volúmenes se acostumbra a paletizar (Fig. 3.22).

Estanterías para paletización convencional

Se trata de estanterías preparadas para almacenar mercancías paletizadas. La manipulación de las paletas se realiza mediante carretillas contrapesadas, carretillas retráctiles o transelevadores. Puede ser simple o de doble profundidad. En este último caso, el índice de aprovechamiento de espacio mejora considerablemente, pero se penaliza la productividad en los procesos de ubicación y desubicación (Fig. 3.23 y 3.24). Según la altura de la estantería se requiere uno u otro tipo de equipo de manutención, lo cual se traduce en un ancho de pasillo distinto. Ver tabla 3.6 y Fig. 3.25.

elementos de soporte

|3.22| Estantería ligera.
Fuente: Atox

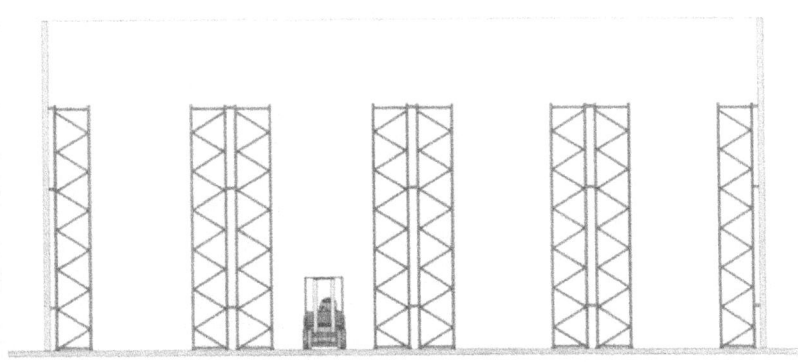

|3.23| Estantería para paletización convencional.
Fuente: Mecalux

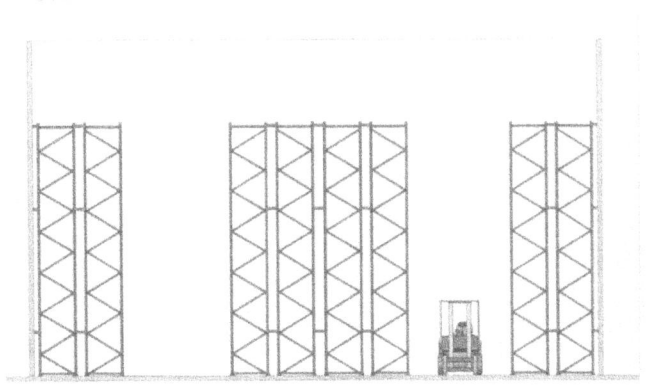

|3.24| Estantería de doble profundidad.
Fuente: Mecalux

Equipos de manutención	Altura máxima (mm)	Ancho mínimo (mm)
Apiladores	5 200	2 200
Contrapesadas	7 000	3 200
Retráctiles	11 000	2 600
Trilateral	12 500	1 700
Transelevadores	40 000	1 400

| Tabla 3.6 | Alturas máximas de estanterías y ancho mínimo de pasillo para paletas de 1200 x 800 mm

Dimensiones de las estanterías simples

Los datos requeridos para el diseño de un conjunto de estanterías para paletización convencional son:
- Dimensiones de las paletas
- Carga máxima por paleta
- Número de niveles de carga por escala

A partir de estos datos, se define el alto total, H, y el ancho, B, del bastidor, suponiendo una separación entre largueros, h, y una carga, Q, por escala o bastidor. El bastidor está formado por dos puntales y las diagonales de arriostramiento, los pies y los accesorios.

La separación entre largueros, h, es igual a la altura máxima de paleta más la tolerancia en altura, A, que varía con la altura de estantería, de acuerdo con la tabla 3.7. La separación entre paletas, B, acostumbra a ser de 75 mm como mínimo. Con estos valores se elige el tipo de escala (Fig. 3.26).

La distancia entre bastidores, L, varía según el tipo y el número de paletas a almacenar, tal como se indica en la tabla 3.8.

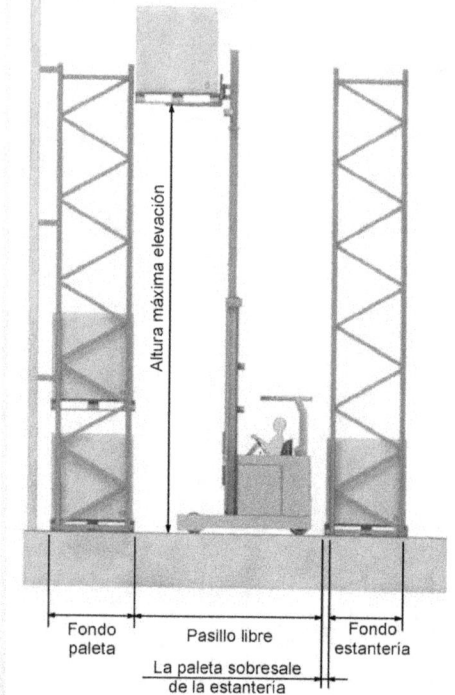

| 3.25 | Pasillo libre. Fuente: Mecalux

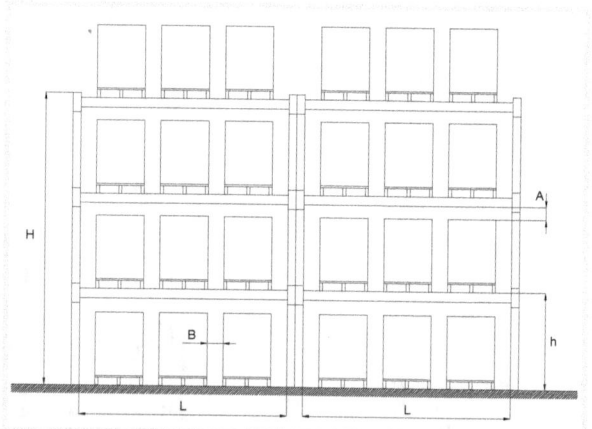

| 3.26 | Dimensiones de una estantería convencional

Altura de los soportes verticales	Tolerancia en altura, A (mm)	Holgura entre paletas, B (mm)
Hasta 3 000 mm	75	75
De 3 000 a 6 000 mm	100	75
De 6 000 a 9 000 mm	125	75
De 9 000 a 12 000 mm	150	75

| Tabla 3.7 | Holguras en estanterías convencionales

Ancho de paleta	Número de paletas		
	1	2	3
800	950	1 800	2 650
1 000	1 150	2 200	3 250
1 200	1 350	2 650	3 850

| Tabla 3.8 | Distancia entre bastidores (mm)

| 3.27 | Estantería compacta. Fuente: Mecalux

Estanterías compactas

En este tipo de estanterías los bastidores están separados una distancia ligeramente superior a la anchura de las paletas. Las carretillas entran en las estanterías con las paletas disponiéndolas sobre unos carriles fijos en voladizo, tal como se muestra en la figura 3.27. Su ventaja fundamental es el excelente índice de aprovechamiento de espacio.

Son utilizadas para almacenaje de mercancías con una gama formada por muchas paletas por cada referencia, para objetos no apilables y en el caso de mercancías que no exijan un respeto estricto de las normas de manipulación FIFO. En este tipo de estanterías sólo se permite el manejo de paletas completas.

Existen dos variantes de este sistema: pasillo de acceso único y entrada y salida de las paletas por el mismo acceso. En este caso se trata siempre de un almacenaje LIFO, o bien estantería compacta con doble pasillo –uno de carga y otro de descarga (Fig. 3.28).

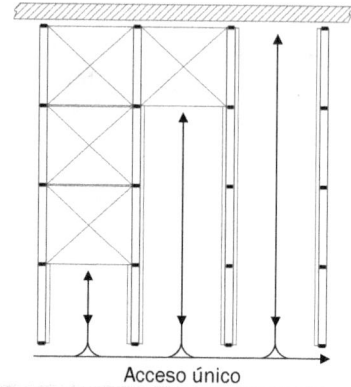
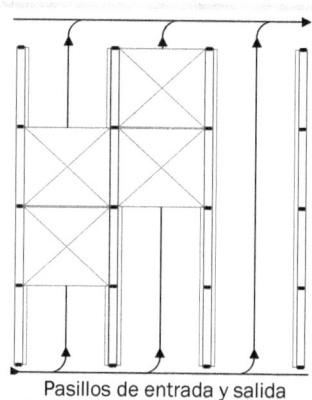

| 3.28 | Estanterías compactas

Estanterías para paletización dinámica por gravedad

Los largueros sobre los que se colocan las paletas consisten en un tren de rodillos que permiten que las paletas se deslicen hasta la posición inferior (Fig. 3.29). Se emplean para mercancías con criterio de almacenaje FIFO, manipulación de paletas completas y paletas relativamente similares en las que cada unidad pesa, aproximadamente, lo mismo. La principal ventaja es el ahorro de espacio de almacén. El inconveniente es el coste.

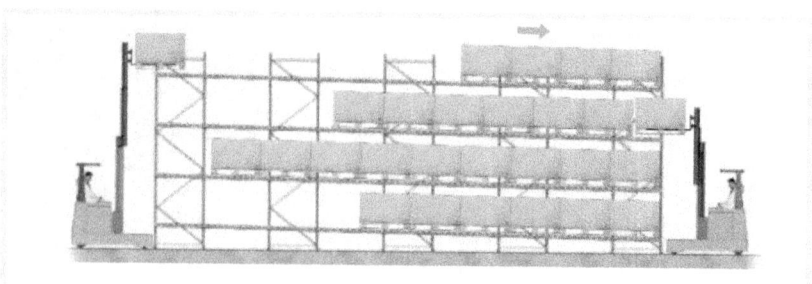

| 3.29 | Dibujo esquemático de una estantería para paletización dinámica. Fuente: Mecalux

Estanterías para picking dinámico

Se trata de una variante del tipo anterior diseñada expresamente para facilitar las operaciones de *picking*, asegurando una adecuada rotación (criterio FIFO) y mejorando la capacidad del almacén al aumentar la profundidad de almacenado y permitiendo un mayor número de referencias, al tiempo que se reduce sustancialmente el tiempo de preparación de los pedidos debido a que se facilita el acceso del operario a las cajas de *picking* (Fig. 3.30).

| 3.30 | Estanterías para picking dinámico. Fuente: Mecalux

Otras estanterías

Entre otras, cabe citar:

— Móviles. Especialmente indicadas en lugares donde el coste del espacio es muy importante. Las unidades de estantes pueden desplazarse sobre unas vías. Cuando la estantería es ligera, por ejemplo, en bibliotecas o archivos, el desplazamiento puede ser manual; si se trata de estanterías para cargas más importantes o para paletas, el movimiento es motorizado (Fig. 3.31).

| 3.31 | Estanterías móviles: a) para archivo, b) para paletas. Fuente: Gama

— Para almacenaje de objetos largos (voladizo o cantilever). Se emplean para cargas muy voluminosas o de gran longitud (Fig. 3.32).

— Otras. Por ejemplo: estanterías para bobinas, estanterías para bidones, altillos, etc.

|3.32| Estantería en voladizo para perfiles metálicos. Fuente: Esmena

Almacenes autoportantes

La propia estructura de las estanterías conforma la estructura resistente de la cubierta del almacén. Se trata, por lo general, de almacenes con estanterías dispuestas en pasillo estrecho y manutención mediante transelevadores. La cubierta y los cerramientos laterales pueden ser muy sencillos y livianos o bien, en el caso de almacenes frigoríficos o para productos especiales, ser bastante más sofisticados y complejos (Fig. 3.33).

|3.33| Almacén autoportante. Fuente: Logisma

Almacenes automáticos

Consisten en almacenes de pocos pasillos, de gran altura y longitud, provistos cada uno de ellos de un transelevador que permite la ubicación y desubicación automática de las paletas. Un sistema automático identifica el código de la paleta (por lo general, se trata de una codificación mediante código de barras) y, de acuerdo con un programa informático, procede a su colocación en una ubicación determinada (Fig. 3.34).

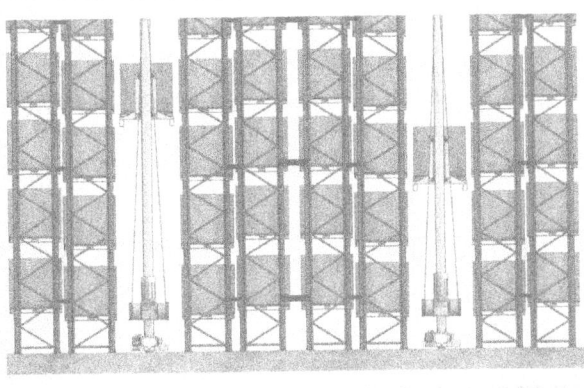

| 3.34 | Almacén automático con estanterías de doble profundidad.
Fuente: Mecalux

En algunos casos, la unidad básica de almacenaje puede ser una paleta estandarizada o un contenedor de dimensiones particulares, con el objeto de normalizar la ubicación de objetos de formas varias, por ejemplo, bobinas de papel o textiles, recambios voluminosos de automóvil tales como puertas, parachoques, etc. El reparto aproximado de las cuotas actuales de mercado por tipos de estanterías de paletización es el siguiente:

- Automáticos autoportantes   13%
- Automáticos no autoportantes   22%
- Estanterías convencionales para paletas   35%
- Estanterías compactas   15 %
- Resto   15%

Miniload

Como su nombre sugiere, consisten en un almacén automático para cargas moderadas, de forma que la unidad de carga no es la paleta convencional, sino una caja o un minicontenedor de dimensiones normalizadas. Las cargas totales no suelen superar los 300 kg, lo cual permite el diseño de instalaciones muy ligeras, que se traduce en menores esfuerzos de inercia y aceleraciones y desaceleraciones mayores que en el caso de los transelevadores convencionales.

Este tipo de instalaciones son particularmente interesantes para el almacenaje de gran cantidad de referencias de elementos relativamente pequeños, como pueden ser los componentes electrónicos, productos de ferretería o farmacéuticos.

Carruseles

Los carruseles son sistemas de almacenamiento compacto de forma que las ubicaciones se desplazan, evitándose de esta forma el movimiento del operario. Pueden ser verticales u horizontales.

En el caso de un carrusel vertical, los estantes se mueven como una noria. En cada estante pueden disponerse distintas ubicaciones, tal como muestra la figura 3.35. Los carruseles verticales se emplean especialmente en sectores que empleen muchas referencias de pequeño tamaño, tales como distribución cosmética, laboratorios, alimentación, electrónica, etc., y en aquellas compañías donde prima un mejor aprovechamiento del espacio y de los recursos.

En los carruseles horizontales, los estantes se desplazan horizontalmente suspendidos de un transportador de cadena. La altura raramente supera los 2,5 m, pero la longitud es adaptable a cada caso y puede llegar a los 15 ó 20 m (Fig. 3.36).

| 3.35 | Carrusel vertical

| 3.36 | Carrusel horizontal. Fuente: Diamond

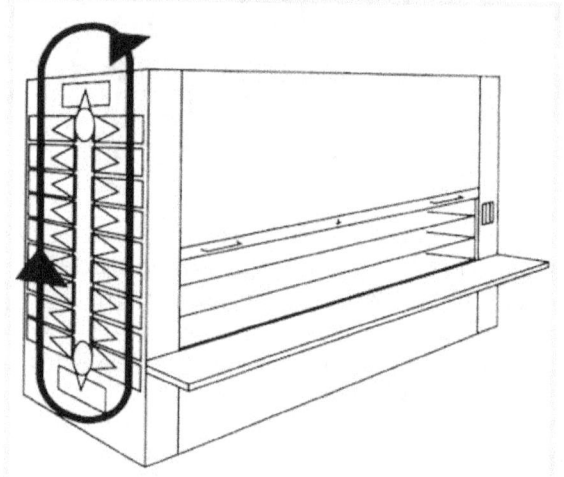

Tanto los carruseles verticales como los horizontales se pueden agrupar de forma que se obtenga un puesto de trabajo altamente ergonómico y que el operario pueda tener acceso a un número muy importante de referencias sin necesidad de desplazarse (Fig. 3.37).

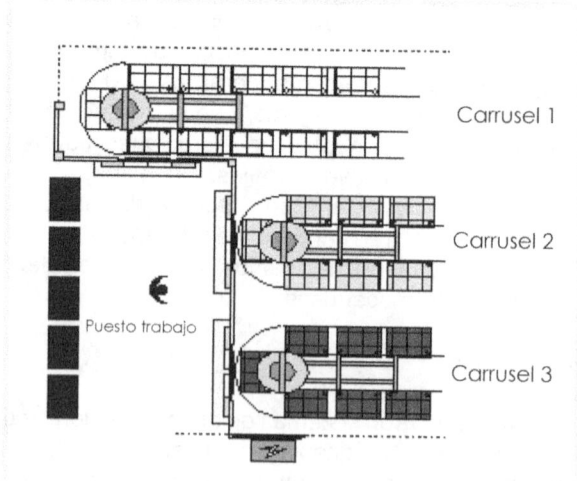

| 3.37 | Combinación de carruseles horizontales en un puesto de trabajo

4

equipos autónomos de manutención

4.1 Introducción

Bajo el epígrafe de *Equipos autónomos de manutención* se incluyen todas las carretillas, carretillas elevadoras, elevadores y equipos automáticos diseñados para el manejo de cargas unitarias o paletizadas. La finalidad de estos equipos es el movimiento horizontal y el apilado –y desapilado– de las cargas en las estanterías y camiones. Se trata de un campo industrial muy extenso, con multitud de equipos especiales y del que únicamente describiremos los más usuales.

Criterios de clasificación

La clasificación de los equipos puede hacerse atendiendo a varios criterios. Entre los más frecuentes, citaremos los siguientes:

- Según la motorización:
    - Manual
    - Eléctrica
    - Térmica
        - Motor Diesel
        - Motor GLP
- Según el entorno de trabajo:
    - Interior
        - Ambiente industrial normal
        - Ambientes especiales (p. ej., atmósferas con riesgo de deflagración)
        - Cámara frigorífica
    - Exterior
    - Mixto
- Según el método de conducción:
    - Sin conductor
    - Con conductor
        - Conductor acompañante
        - Conductor montado
            - De pie
            - Sentado
- Según la capacidad de carga:
    - Cargas ligeras (< 300 kg)
    - Cargas medias (300 ÷ 3 000 kg)
    - Cargas elevadas (> 3 000 kg)
- Según otros criterios:
    - Según operaciones o aplicaciones específicas
    - Según el órgano de aprehensión (horquillas, pinzas, etc.)
    - Equipos con movimiento libre y equipos guiados
    - Etc

4.2 Carretillas manuales (hand trucks)

Las carretillas manuales son los equipos más simples de manutención, utilizada para transportar cargas sueltas en planos horizontales y lisos y a distancias reducidas. La capacidad de carga depende de la calidad del pavimento y del tipo de ruedas. El coeficiente de rodadura de una rueda de carretilla manual en buen estado de limpieza y mantenimiento es del orden de 0,02 a 0,04, esto significa que la capacidad de transporte en una carretilla manual puede llegar a los 800 a 1 000 kg para un esfuerzo de arrastre de 200 N. La velocidad de desplazamiento es inferior a 4 km/h y las distancias raramente superan los 50 m (Fig. 4.1).

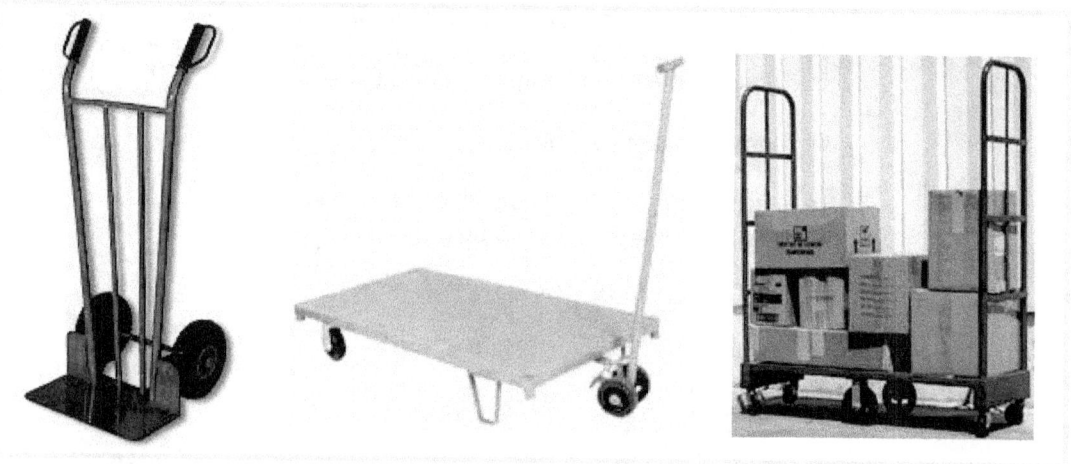

| 4.1 | Diferentes modelos de carretillas manuales. Fuente: Manucar; KOKE

Características básicas: las de dos ruedas son adecuadas tanto para planos horizontales como inclinados. La capacidad de carga es hasta unos 200 kg y el uso es muy amplio y extendido; las carretillas de tres ruedas tienen una gran facilidad de giro y las de cuatro ruedas son más cómodas para el transporte en planos horizontales. Existen en el mercado centenares de modelos de capacidades y aplicaciones muy distintas.

La capacidad de transporte puede llegar hasta los 1000 kg (en planos horizontales); aunque algunos carros pueden ser arrastrados por una carretilla eléctrica o por un vehículo automático guiado (AGV[13]). El principal inconveniente de las carretillas manuales es que deben ser cargadas manualmente, lo que comporta que las unidades elementales de carga deben ser inferiores a 25 kg.

Se trata de un equipo de uso muy general, para recorridos limitados y numerosas especialidades en función de los diversos tipos de productos e industrias.

4.3 Transpaleta (pallet truck)

La transpaleta consiste en una carretilla provista de horquillas que permiten una pequeña elevación de cargas agrupadas y colocadas encima de una paleta, de un *rollcontainer* o de un soporte análogo. Las horquillas son de accionamiento hidráulico/manual en la elevación y la traslación es por arrastre. La altura de elevación es hasta unos 200 mm (Fig. 4.2).

Este equipo se utiliza principalmente como auxiliar a otros equipos de manutención, de uso esporádico y en distancias cortas.

Cuando la carga de trabajo es continua, la transpaleta manual deja de ser un equipo válido, ya que disminuye el rendimiento hombre—máquina por la lógica fatiga que representa el acarrear las cargas, y se precisa la transpaleta eléctrico/manual. En estos equipos la elevación de las horquillas se efectúa mediante el bombeo manual con el timón sobre la bomba de elevación (como en una transpaleta manual), mientras la traslación se efectúa mediante un motor eléctrico. La capacidad de carga de estos equipos es del orden de 1500 kg.

| 4.2 | Algunos tipos de transpaleta manual
Fuente: Great Plains; Atlet

Cuando la carga es mayor (hasta 2 toneladas), la alternativa adecuada es una transpaleta totalmente eléctrica de conductor acompañante (Fig. 4.3). La principal limitación de estos equipos es su velocidad de traslación, que debe adaptarse al paso del hombre, de 4 a 5 km/h) aunque los equipos están diseñado para una velocidad de hasta 6 km/h. Las potencias instaladas acostumbran a ser de 1,5 a 2 kW tanto para la traslación como para la elevación.

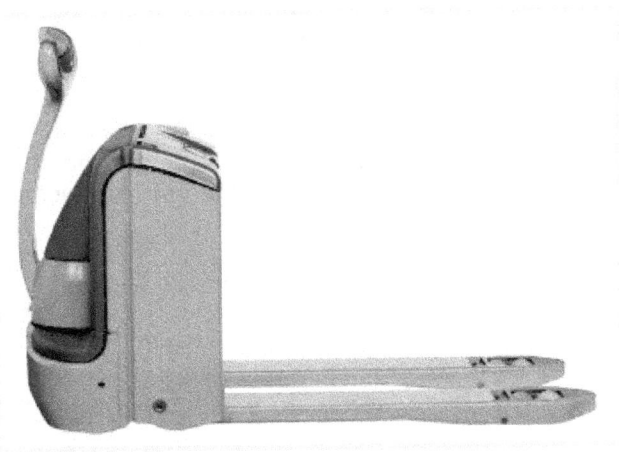

| 4.3 | Transpaleta eléctrica de conductor acompañante.
Fuente: Linde MH

Cuando las distancias son largas y los ciclos de trabajos constantes y elevados, el traslado mediante un conductor acompañante puede ser un factor limitante. Para estas situaciones existen equipos provistos de una plataforma abatible sobre la cual se sitúa el operario. Este tipo de carretilla posee dos velocidades de traslación distintas, de forma que cuando la plataforma está levantada la velocidad se adapta al paso del hombre, y cuando está abatida y con el operario montado aumenta para efectuar los recorridos largos. Por este motivo se considera un equipo ambivalente (Fig. 4.4).

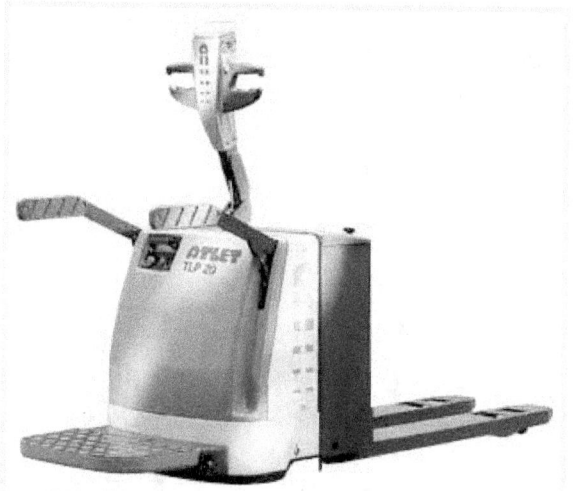

|4.4| Transpaleta de plataforma abatible. Fuente: Atlet

|4.5| Transpaleta de conductor montado. Fuente: Rocla

Para grandes recorridos, o cuando la frecuencia de los ciclos es importante, el equipo idóneo es la transpaleta de conductor montado, de pie o sentado. Estos equipos se distinguen por su alta velocidad operacional, facilidad de maniobra y robustez (Fig. 4.5). Todos estos equipos reseñados se utilizan para manipular unidades de carga —normalmente paletas— completas. La velocidad de desplazamiento sin carga puede alcanzar los 12 km/h.

4.4 Apilador (stacker)

La *carretilla apiladora*, o *apilador*, más simple consiste en una adaptación de una transpaleta eléctrica de conductor acompañante (Fig. 4.6) o montado (Fig. 4.7), provista de un mástil telescópico para la elevación de cargas. El centro de gravedad de la carga pasa por el interior de los puntos de apoyo de la máquina en el suelo, ya que no tiene horquillas libres, sino que éstas se apoyan sobre unos largueros.

Esta disposición permite reducir su tamaño manteniendo una capacidad de carga relativamente elevada para el tipo de equipo que se trata.

La capacidad de carga puede llegar a 2000 kg y hasta 5,5 m de elevación (con mástiles telescópicos de tres etapas). Las velocidades de traslación varían de los 6 km/h en los apiladores de conductor acompañante, a 9 en los de conductor montado, y hasta 16 km/h en el caso de los apiladores de conductor sentado (con una disposición de asiento perpendicular a la dirección de marcha con objeto de facilitar los cambios de sentido: avance y retroceso en pasillos estrechos).

| 4.6 | Apilador de conductor acompañante. Fuente: OM Pimespo

| 4.7 | Apilador de conductor montado. Fuente: Rocla

4.5 Carretilla elevadora contrapesada (*counterbalanced truck*)

Aspectos generales

La carretilla elevadora contrapesada consiste en una carretilla autónoma capaz de recoger, transportar, elevar y depositar una carga, generalmente paletizada. Este tipo de máquinas pueden ser tanto de interior como de exterior o mixtas y pueden incorporar motores eléctricos o térmicos.

En este tipo de carretillas, las horquillas con la carga están en voladizo respecto al punto de apoyo de las ruedas delanteras, resultando un momento de fuerzas que tiende a levantar la máquina por su parte trasera; el propio peso de la máquina, que incluye un contrapeso situado en la parte trasera de la misma, crea otro momento de fuerzas en dirección contraria al anterior, compensándolo y estabilizando la máquina (Fig. 4.8). Ello significa en muchos casos que el peso propio de la carretilla es del orden del doble del de la carga a elevar, lo cual puede representar un grave inconveniente en el caso de requerir el uso de este tipo de aparatos en almacenes ubicados en plantas superiores de una instalación industrial con unas cargas de uso limitadas.

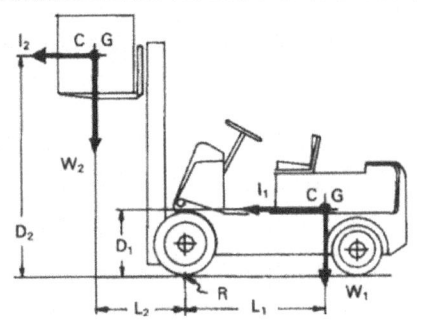

| 4.8 | Principio de las carretillas contrapesadas

almacenaje, manutención y transporte

La ergonomía y la facilidad de maniobra en el diseño de estos equipos es fundamental. En la tabla 4.1 se muestra una distribución típica de tiempos de operación realizados por una carretilla contrapesada.

Tiempo total de utilización (100%)	35,5% Carretilla no utilizada	20% Operario ausente	
		8,5% Carga manual	
		7% Operario sentado	
	64,5% Carretilla en servicio	30,7% Manipulación	15,2% Descarga de paletas
			15,5% Carga de paletas
		33,8% Transporte	18,5% Sin carga
			15,3% Con carga

|Tabla 4.1| Distribución porcentual de los tiempos de operación con una carretilla contrapesada

Elementos de una carretilla contrapesada

Motorización

Las carretillas contrapesadas pueden incorporar un motor eléctrico o uno térmico. Las características básicas son las siguientes:

a) Motores eléctricos
 – Se instalan en carretillas de menor potencia
 – Autonomía limitada
 – Menor coste energético
 – Menor mantenimiento
 – Buenas condiciones de rodadura
 – Mejor maniobrabilidad
 – Silenciosas y limpias
 – Aplicaciones de interior o mixtas

b) Motores térmicos
 – Permiten, en general, mayor capacidad de carga
 – Elevada rentabilidad en aplicaciones intensivas
 – Consumos elevados de consumo
 – Aplicaciones en exterior o mixtas
 – Condiciones extra de uso adversas
 – Más ruidosas y contaminantes

En la figura 4.9 se muestra una carretilla contrapesada (térmica) con los principales elementos que la conforman.

Las carretillas contrapesadas eléctricas son mucho más empleadas para la manipulación de unidades de carga pequeñas y moderadas —hasta 2500 kg— en almacenes y locales cubiertos.
Sin embargo, por razones de economía energética y polivalencia (posibilidad de trabajar tanto en el exterior como en el interior), la carretilla eléctrica empieza a ganar terreno a la térmica hasta 6 toneladas de capacidad.

1 Contrapeso
2 Silenciador y escape
3 Tejadillo protector
4 Asiento
5 Mástil de elevación
6 Cadena del mástil
7 Tablero porta horquillas
8 Horquillas
9 Ruedas de tracción
10 Chasis
11 Eje de dirección

|4.9| Principales elementos de una carretilla contrapesada. Fuente: Linde MH

Las carretillas contrapesadas eléctricas, por su maniobrabilidad, escaso ruido, limpieza y carencia de contaminación ambiental, son equipos adecuados para trabajar en almacenes cerrados, así como en la manipulación de productos susceptibles de contaminación (alimentos en general, productos congelados, productos farmacéuticos y cosméticos, etc.).

Parámetro	Diesel	GLP
Inyección	Indirecta	Gasificador
Consumo	=	=
Coste carburante	+	– (con surtidor)
Potencia nominal	+	–
Par motor	+	–
Velocidad de giro	–	+
Emisiones tóxicas		
Partículas	SÍ	NO
Resto contaminantes	–	+
Con catalizador	+	–
Emisiones acústicas	+	–
Coste mantenimiento	–	+
Independencia calidad carburante	SÍ	NO
Posibilidad de uso en sótanos	SÍ	NO
Vida útil	+	–

|Tabla 4.2| Comparativa de los motores térmicos. Fuente: Linde MH

+, mayor o superior; –, menor o inferior; =, igual

Los motores eléctricos pueden ser de corriente continua y corriente alterna trifásica. Los motores térmicos pueden ser diesel o gas. La tabla 4.2 muestra una comparativa de las principales características de ambos.

Transmisiones

Es el conjunto de mecanismos que comunican la potencia generada en el motor a las ruedas motrices de un vehículo. Las transmisión pueden ser:
 a) Mecánica. Sistemas basados en un embrague clásico, derivado de automoción. Tiene el grave inconveniente de un bajo rendimiento y prácticamente no se usan en las carretillas elevadoras, puesto que los ciclos de trabajo exigen un continuo cambio de sentido avance/retroceso, especialmente en la ubicación de carga en estanterías.
 b) Eléctrica. Utiliza motores de CC o CA. Requiere componentes electrónicos complejos para su regulación así como sistemas de refrigeración adicionales para evitar desgaste excesivo de motores. El rendimiento es aceptable.
 c) Hidrodinámica. Es un sistema más aconsejable para la transmisión de grandes potencias. Sin embargo, a través de esta transmisión no se puede frenar con precisión, necesita un sistema de frenos, cuyo desgaste puede ser importante. En general, presenta un menor rendimiento que la transmisión hidrostática.
 d) Hidrostática. Tiene un mejor rendimiento a bajo régimen, un menor desgaste y menor mantenimiento así como un consumo energético menor. La conducción suele ser más suave y el frenado es automático.

Mástiles

Los mástiles para las carretillas elevadoras se diferencian fundamentalmente por:
 a) las etapas de elevación: número de tramos que conforman la horquilla
 b) la altura de elevación libre (elevación de las horquillas sin elevar el mástil)

De acuerdo con ello, los mástiles pueden ser (Fig. 4.10):

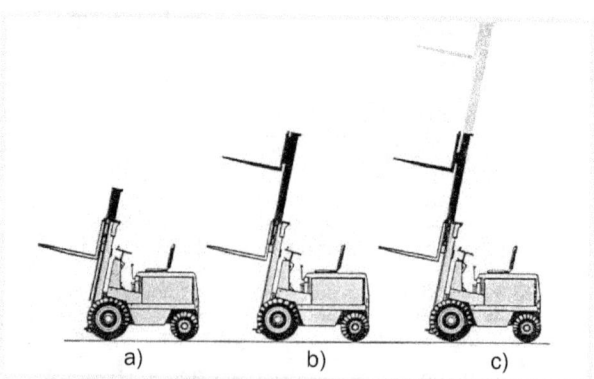

| Fig. 4.10 | Tipos de mástiles.
Fuente: Jungheinrich

- Estándares: dos etapas sin elevación libre o con elevación libre reducida. Suele instalarse en lugares de trabajo en los que no haya restricciones de altura.
- Dobles o dúplex: dos etapas con elevación libre total. Suele emplearse en locales en los que se requiera una altura hasta 4500 mm –con restricciones de altura.
- Tríplex: tres etapas con o sin elevación libre. Se emplea en lugares de trabajo en los cuales se requiere la máxima elevación posible pero que, al mismo tiempo, haya una restricción de altura, por ejemplo, el paso de una puerta (Fig. 4.11).

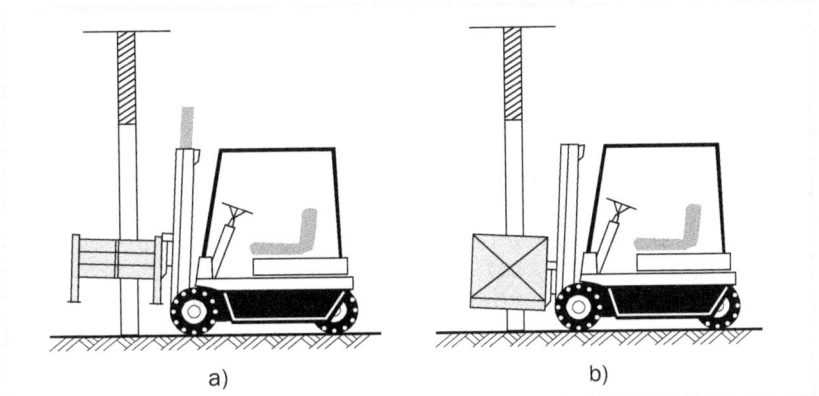

| Fig. 4.11 | Carretilla provista de mástil a) estándar y b) triple. Fuente: Jungheinrich

Capacidad de carga

La capacidad de carga de una misma carretilla varía en función de las dimensiones de la carga y la posición de su centro de gravedad respecto al punto de contacto de las ruedas anteriores sobre el pavimento, así como de la altura de elevación total. En la figura 4.12, se muestra un diagrama de cargas de una carretilla de mástil dúplex y triple y una capacidad de carga nominal de 3100 kg.

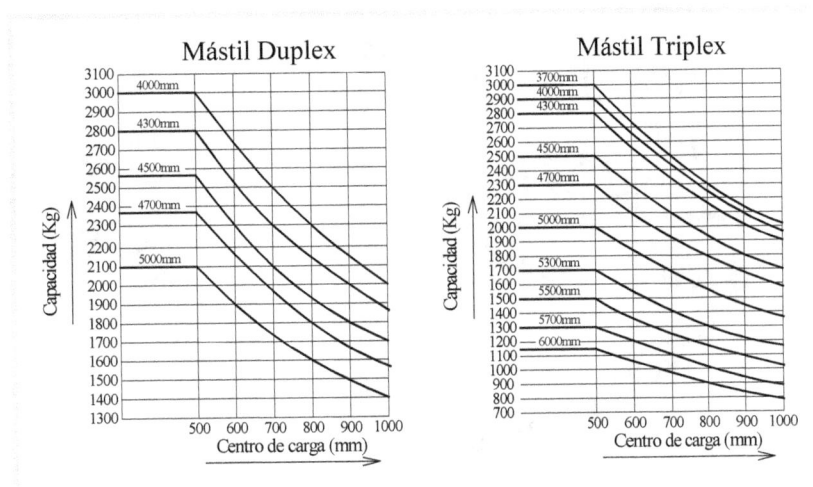

| 4.12 | Diagramas de capacidad de carga. Fuente: Nichiyu

Ruedas

Las ruedas de las carretillas contrapesadas pueden montar diferentes tipos de recubrimiento según sea la altura de elevación y el pavimento sobre el que han de moverse:

— Neumáticos. Proporcionan alta elasticidad y elevado confort de marcha. Su principal empleo es en terrenos irregulares y blandos, al aire libre o en interiores de pavimento no acondicionado.
— Macizas. Con perfil ancho y recto; uso con revestimiento duro y casi nula elasticidad. Se emplean para aplicaciones de interior con pavimentos muy regulares y lisos. Muy poca capacidad de absorción de vibraciones. Adecuadas para elevación a gran altura y precisión de colocación de carga.
— Superelásticas, con características intermedias entre las dos anteriores.

Bastidor de triciclo (three wheel truck)

Las versiones de bastidor triciclo tienen una capacidad de carga de hasta 2500 kg, dotadas con un solo motor de tracción sobre la rueda posterior o con dos motores sobre las ruedas delanteras, aunque existen máquinas con tres motores de tracción, uno por rueda (Fig. 4.13).

Las versiones de tracción trasera están diseñadas para cargas relativamente bajas (normalmente hasta 1500 kg). Estos modelos permiten trabajar en pasillos estrechos (hasta 2,5 m), dependiendo de las dimensiones de la unidad de carga.

Si bien, pueden montar ruedas neumáticas, superelásticas o macizas, en general, acostumbran a montar estas últimas.

| 4.13 | Carretilla contrapesada con bastidor triciclo. Fuente: Crown

| 4.14 | Carretilla contrapesada con bastidor de 4 ruedas. Fuente: OM Pimespo

Bastidor de cuatro ruedas (four wheel truck)

Las versiones sobre bastidor de cuatro ruedas tienen una capacidad de carga superior que las triciclo, desde 1500 kg a 6000 kg con mástiles dobles o triples de gran elevación (hasta 7 m), incorporan un control electrónico sobre el motor de tracción, y están dotadas de dirección hidrostática y baterías de gran capacidad. Son máquinas que por su robustez, autonomía y prestaciones se adecuan perfectamente tanto en trabajos de interior como de exterior (Fig. 4.14).

Carretilla elevadora térmica

Suelen ir provistas de motor diésel o a gas. Presenta unas características análogas a las anteriores, si bien se usa para trabajos al exterior o mixtos y, en general, para manipulación de grandes cargas (bobinas de chapa, lingotes, troncos, etc.), e incluso contenedores. Precisamente, esta especialización en el transporte de grandes cargas y de cargas no paletizadas impone una gama de accesorios específicos.

| 4.15 | Carretilla térmica de gran capacidad. Fuente: Toyota

Asimismo, existen algunos modelos de altura reducida para facilitar la manutención en buques Ro–Ro. El rango de capacidades de carga es muy amplio y va desde carretillas de 1500 kg hasta 45 o 50 toneladas, lo que permite la manipulación de contenedores de 2 TEU cargados. En las figuras 4.15 a 4.18 se muestran algunos tipos de carretillas térmicas de gran capacidad.

| 4.16 | Carretilla de perfil bajo para buques RORO. Fuente: Hyster

| 4.17 | Elevador de contenedores provisto de spreader. Fuente: Hyster

| 4.18 | Carretillas contrapesadas para manutención de contenedores. Fuente: Hyster

4.6 Preparadoras de pedidos (order pickers)

Como su nombre indica, se trata de equipos diseñados para facilitar la operación de *picking*. Tradicionalmente se clasifican atendiendo a la altura de acceso a las estanterías: nivel bajo, medio y alto.

Recogepedidos de nivel bajo

Las preparadoras de bajo nivel están concebidas para que el operario pueda tomar los productos sueltos para completar un pedido desde el mismo puesto de conducción, y que cuando deba abandonar éste el acceso a la plataforma sea rápido —entrada por ambos lados—, fácil —mínima altura de escalón— y sin peligro —todas las ruedas, incluso las estabilizadoras, deben quedar dentro del diseño del chasis.

Estos equipos se emplean para *picking*:

- A un solo nivel —nivel del suelo— comandado por timón (hasta 1,7 m).
- A dos niveles, accediendo al segundo mediante un escalón y una plataforma superior a 900 mm con barandilla, o mediante una plataforma hidráulica, de forma que deje al operario las manos libres para tomar la mercancía (alturas de hasta 2,7 m) (Fig. 4.19).

Para aumentar operatividad pueden suministrarse equipos con horquilla de longitud variable que permitan transportar varias unidades de carga a la vez, o bien equipos especiales con plataforma de arrastre de varios *rollcontainers* (cajas–paleta provistas de ruedas).

Recogepedidos de nivel medio

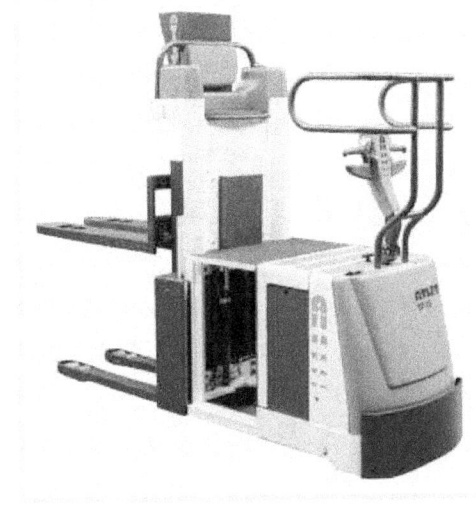

Los recogepedidos de nivel medio pueden efectuar operaciones de *picking* hasta 7 m aproximadamente. El operario se eleva en la cabina solidaria con la elevación de las horquillas.

Dentro de la gama de recogepedidos existen variantes adecuadas a las necesidades del trabajo; anchura variable del chasis, mandos por timón o volante, mástil con elevación suplementaria que permite aproximar la paleta y mercancía para un mejor acceso del operario, etc. (Fig. 4.20).

Recogepedidos de nivel alto

Se trata de un equipo análogo al anterior con una altura de trabajo que puede alcanzar los 10 o 12 m (Fig. 4.21). En algunos casos la carretilla permite, al mismo tiempo, las operaciones de *picking* y de ubicación de paletas. Se trata de las llamadas carretillas *combi*, combinación de un recogepedidos y de una trilateral.

|4.19| Preparador de pedidos de nivel bajo con acceso a un segundo nivel. Fuente: Atlet

|4.20| Preparador de pedidos de nivel medio. Fuente: OM Pimespo

|4.21| Preparador de pedidos de nivel alto. Fuente: Crown

4.7 Retráctil *(reach truck)*

La carretilla puede desplazar el mástil entre los largueros de carga de forma que al mismo tiempo desplaza el centro de gravedad de la carga hacia el centro de gravedad de la máquina (Fig. 4.22). Con ello se aumenta la estabilidad del conjunto, pudiéndose acceder sin riesgo a grandes elevaciones sin pérdida sustancial de capacidad de carga en la elevación.

Al mismo tiempo, la longitud de la máquina y de la carga disminuye y, en consecuencia, los pasillos de trabajo son considerablemente inferiores a los necesarios con una carretilla contrapesada que efectúa el mismo trabajo.

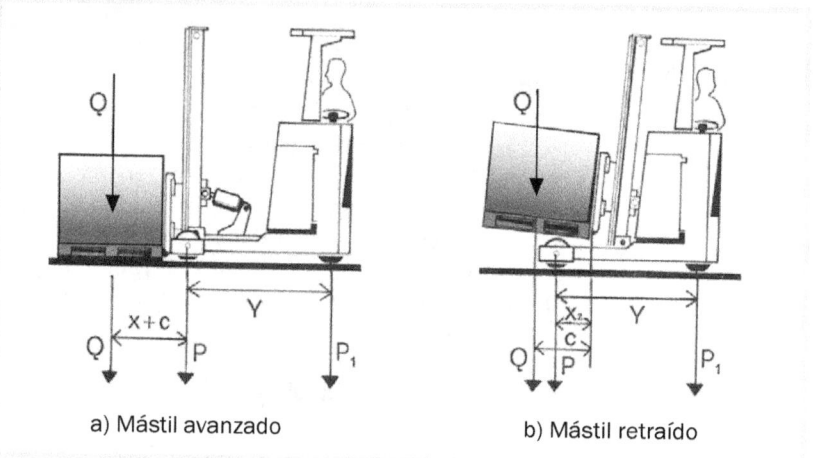

| Fig. 4.22 | Principio de las carretillas retráctiles. Fuente: Jungheinrich

a) Mástil avanzado

b) Mástil retraído

| Fig. 4.23 | Retráctil. Fuente: Crown

La carretilla retráctil es el equipo más significativo para la manipulación de cargas en almacenes. Estas máquinas supusieron una revolución en su época, ya que cambiaron el concepto de contrapeso (o contrabalanceo) de las máquinas convencionales existentes hasta aquel momento. Las carretillas pueden ser de 4 o 3 ruedas, lo que permite menores radios de giro y trabajo en pasillos más estrechos. La altura de apilado de estas carretillas puede llegar hasta los 10 m y las capacidades de carga son de hasta 2,5 t (Fig. 4.23).

Apiladora retráctil multidireccional

Se trata de una variante de las carretillas retráctiles que, mediante un giro a 90° de las ruedas, permite el movimiento lateral de la carretilla, evitando giros en el interior de los pasillos y pudiendo trabajar, por tanto, en pasillos más estrechos con lo que puede aumentar la tasa ocupación del almacén (Fig. 4.24).

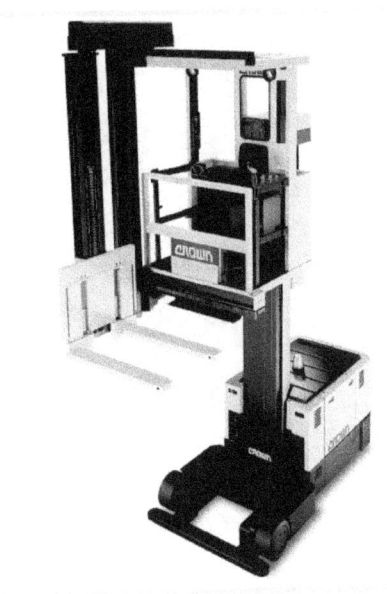

| 4.24 | Retráctil de doble movimiento. Fuente: Linde MH

| 4.25 | Trilateral combi. Fuente: Crown

4.8 Trilateral *(trilateral stacker)*

La carretilla trilateral o carretilla con cabezal tridireccional se emplea en los almacenes de pasillo estrecho y permite efectuar estibas de hasta 13 m con paletas completas. Su diseño está concebido para que no precisen girar dentro del pasillo de trabajo, ya que esta función la realizan exclusivamente las horquillas, movidas por un cabezal trilateral que las desplaza para colocar y extraer cargas y, que las gira para cambiar de lado y poder realizar ciclos dobles de trabajo en el mismo pasillo.

Estos equipos trabajan en pasillos muy estrechos (hasta 1600 mm) y poseen una gran velocidad y versatilidad de operaciones, tanto en la traslación y cambio de pasillos como en operaciones de estiba (Fig. 4.25).

Cuando entran dentro del pasillo, las carretillas trilaterales son guiadas lateralmente mediante un sistema de ruedas laterales, o bien mediante un sistema de filoguiado automático por cable enterrado, lo que permite utilizar el primer nivel de estanterías con otros equipos auxiliares —transpaletas—.

El trabajo de estiba de las paletas puede combinarse con la preparación de pedidos a alto nivel. En este caso, el operario se desplaza vertical y conjuntamente con las horquillas, para efectuar el *picking*.

4.9 Transelevador *(automatic storage/retrieval systems, AS/RS)*

El transelevador consiste en un mástil elevador que se desplaza por los pasillos entre estanterías guiado tanto desde el suelo como por la parte superior. Se trata, por tanto de un equipo dedicado y específico de cada pasillo, por lo que sólo se emplea en almacenes completamente automatizados provistos de pasillos —4 a 10—, de gran longitud —más de 50 m— y elevaciones superiores a 10 m —con frecuencia superiores a los 20 m—. En estos casos y siempre que tanto las entradas como salidas se realicen con paletas completas, las operaciones se realizan con gran celeridad y rendimiento. Las capacidades de carga pueden llegar a los 1500 kg y la velocidad de traslación hasta 200 m/min. y la de elevación hasta 60 m/min (Fig. 4.26).

| 4.26 | Transelevador. Fuente: Thyssen

La principal ventaja de estos equipos es el índice de aprovechamiento del espacio y la celeridad de acceso a las ubicaciones. Acostumbran a instalarse en almacenes autoportantes.

Sus limitaciones principales son:
— Poca adaptabilidad en cuanto a cambios de sistema de trabajo en el almacén.
— Imposibilidad de trabajar con otro equipo suplementario en caso de avería en el mismo pasillo de trabajo, por las dimensiones de los mismos y por la obra civil de anclaje del transelevador al pavimento.
— Equipos sin flexibilidad ni autonomía fuera del pasillo de trabajo. Sólo trabajan dentro del pasillo y no pueden recoger unidades de carga del suelo, lo que comporta una instalación auxiliar (en cabecera), normalmente formada por un plano de rodillos motorizados para facilitar el acceso de las paletas.
— Elevado coste de instalación. Las estanterías deben ser reforzadas con soportes verticales, obra civil importante, etc.

Miniloads

Se trata de sistemas de almacenaje de estanterías de pasillo estrecho y transelevadores completamente automatizados para cargas moderadas (hasta 250 kg) colocadas en paletas o cajas de manutención especiales. Las velocidades de traslación pueden alcanzar los 250 m/min, y las de elevación 100 m/min. Las alturas de almacenaje llegan a los 20 m.

4.10 Carretilla sin conductor (*automatic guided vehicle*)

Se trata de equipos similares a las carretillas convencionales, que se desplazan siguiendo unos recorridos programados sin la ayuda de conductor. (Fig. 4.27 y 4.28).

Estos equipos empezaron a usarse en EE UU a finales de los años cincuenta, como un sistema de arrastre con capacidad de seguir de forma autónoma un alambre enterrado sometido a una corriente inductiva. Por ello, reciben el nombre de *vehículos filoguiados*. A medida que los equipos electrónicos se abarataron y mejoraron su fiabilidad, los AGV se fueron imponiendo especialmente en los sistemas de fabricación flexible y cadenas de montaje.

| 4.27 | AGV provisto de horquillas elevadoras. Fuente: AGV Products

Los AGV se emplean básicamente en:
a) distribución: efectuando tareas de manutención desde el proceso de fabricación hasta el almacén
b) fabricación flexible: donde realizan tareas de movimiento de materiales entre las células de fabricación
c) cadenas de montaje: implantación considerable gracias a la gran flexibilidad del sistema

Las ventajas principales de los AGV son:
— Ausencia de mano de obra, lo que redunda en una disminución de costes a largo plazo.
— Desplazamiento siguiendo cualquier tipo de trayectoria, con gran fiabilidad y flexibilidad al mismo tiempo.
— Versatilidad: pueden incorporar distintos sistemas de carga y descarga, tales como, mesas elevadoras, horquillas, rodillos motorizados, etc.
— Bajo coste inicial de la instalación.
— Simplicidad de funcionamiento.

almacenaje, manutención y transporte

| 4.28 | AGV para el transporte de bobinas de papel en una rotativa. Fuente: Rocla

Los inconvenientes principales son los propios de los sistemas robotizados.

Los carros filoguiados están constituidos por un bastidor donde se colocan los equipos electrónicos y las baterías necesarias, las ruedas motrices y las de guía. Puede tener distintas configuraciones y posibilidades de traslación y/o elevación de cargas.

El guiado de estos equipos se realiza mediante distintas técnicas, que pueden clasificarse en dos grandes grupos: sistemas de navegación por trayecto fijo y sistemas de navegación abiertos.

Dentro de los sistemas de navegación por trayecto fijo, el guiado puede ser:
a) Mecánico (sistema de raíles, prácticamente en desuso)
b) Guiado óptico o magnético (el vehículo sigue un trayecto marcado por una cinta con características magnéticas u ópticas determinadas)
c) Cable inductivo enterrado (el vehículo detecta la intensidad de campo magnético generado al pasar la corriente por un cable enterrado). La ventaja de este sistema es su simplicidad; el inconveniente es la poca flexibilidad y el coste de la instalación cuando la nave ya existe

Los sistemas de navegación abierta pueden ser de guiado por láser y navegación inercial. En el guiado por láser, el AGV compara la posición por un detector respecto al patrón introducido en un microprocesador instalado a bordo, y le permite realizar las correcciones de trayectoria necesarias.

La ventaja es su enorme flexibilidad y un mantenimiento fácil; el inconveniente es el coste y la complejidad del sistema de control. La navegación inercial es poco empleada en estos equipos.

4.11 Adecuación de los equipos de manutención al método de almacenaje

Según sean las características de los almacenes son más o menos adecuadas ciertos tipos de carretillas de manutención, tal como se ha descrito en los apartados anteriores y se resume en la tabla 4.4.

TIPO DE ALMACENAJE	En bloque	Estanterías convencionales	Pasillo estrecho	Estanterías compactas
Aprovechamiento suelo	****	**	***	****
Aprovechamiento volumen	****	*	***	***
Rapidez de expedición	***	***	***	**
Accesibilidad a las cargas	*	****	****	*
Rotación de stocks	**	****	****	*
Tipo de organización	LIFO	FIFO	FIFO	LIFO
Altura de apilado	< 6 m	< 10 m	< 14 m	< 7,5 m
Inversión	BAJA	MEDIA	MEDIA	MEDIA
Anchura de pasillo trabajo	> 3,5 m	> 3,5 m	1,8 m	1,2 m
Modelo de carretilla	**Contrapesada / Retráctil**	**Contrapesada / Retráctil**	**Trilateral / Retráctil**	**Contrapesada / Retráctil**

TIPO DE ALMACENAJE	Estanterías móviles	Estanterías dinámicas	Doble profundidad	Gran altura
Aprovechamiento suelo	****	****	***	***
Aprovechamiento volumen	***	***	***	***
Rapidez de expedición	**	****	**	**
Accesibilidad a las cargas	****	*	**	***
Rotación de stocks	****	***	**	****
Tipo de organización	FIFO	FIFO	LIFO	FIFO
Altura de apilado	< 10 m	< 10 m	< 10 m	> 14 m
Inversión	ALTA	ALTA	ALTA	ALTA
Anchura de pasillo trabajo	3,0 m	3,0 m	3,0 m	1,6 m
Modelo de carretilla	**Retráctil**	**Retráctil**	**Retráctil**	**Transelevador**

Un asterisco (*) indica un nivel bajo; 4 asteriscos (****) indica un nivel elevado.

| Tabla 4.4 | Adecuación de los tipos de carretilla de manutención a los distintos sistemas de almacenaje

5

instalaciones de transporte de cargas a granel

Cuando el transporte de una carga se debe realizar de forma continuada, los equipos señalados en el capítulo anterior pueden ser poco adecuados desde el punto de vista de la productividad, por lo que es pertinente el establecimiento de una instalación, fija o móvil, para su transporte.

Estas instalaciones pueden ser tan sencillas como un plano de rodillos o tan importantes como una banda de transporte continuo para minerales, de varios kilómetros de longitud. La clasificación de las instalaciones y equipos de manutención continua suele efectuarse atendiendo a varios criterios:

Según la naturaleza del producto transportado:
- Transportadores de cargas a granel. Bajo el epígrafe de "cargas a granel" se considera el conjunto de materiales granulares, pulverulentos, en terrón, etc., que se almacenan y transportan en masa, tales como minerales, astillas de madera, piedra machacada, arena, cereales o cemento.
- Transportadores de cargas unitarias. Es decir, las cargas que, por su tamaño o características, se transportan de forma individualizada o agrupada en unidades de manutención (sacos, paletas, cajas, etc.) que, a su vez, se transportan de forma individualizada.

Según las características del aparato:
- Bandas transportadoras
- Elevadores
- Rampas y toboganes
- Transportadores de rodillos
- Transportadores de tornillo
- Transportadores vibratorios

También suelen establecerse otras clasificaciones: según el tipo de motorización; según sea el recorrido efectuado por las cargas (horizontal, vertical, inclinado ascendente, inclinado descendente, etc.), la distancia transportada, la capacidad de carga; o bien, de acuerdo con la naturaleza del movimiento (continuo, intermitente, ocasional, etc.).

5.1 Principios básicos de los transportadores

En la elección de un equipo o instalación de manutención debe tenerse en cuenta no sólo la capacidad y la naturaleza de la carga a transportar, sino que deben entrar en consideración las condiciones operatorias y de utilización. En este último caso, cabe distinguir entre la capacidad de transporte puntual o en un período de tiempo más o menos breve y la utilización durante períodos más prolongados y la continua (si el transportador funciona indefinidamente).

Se acostumbra a emplear un coeficiente de tiempo que es la relación entre el tiempo de utilización real de un transportador y el tiempo total considerado, por lo general por día, k_{td}, y por año, k_{ta}:

$$k_{td} = \frac{t_{ud}}{24} \qquad (5.1)$$

$$k_{ta} = \frac{t_{ua}}{24 \cdot 365} = \frac{t_{ua}}{8760} \qquad (5.2)$$

Siendo t_{ud} y t_{ua} el tiempo, en horas, de utilización de la instalación, por día y por año. Según el coeficiente de tiempo, los transportadores se clasifican en distintas clases. Tabla 5.1.

Clase	I	II	III	IV	V
k_{td} ó k_{ta}	Hasta 0,2	0,2 a 0,33	0,33 a 0,5	0,5 a 0,8	0,8 a 1

| Tabla 5.1 | Clase de transportador según el coeficiente de tiempo

Así, si una banda transportadora se emplea un total de 8 h diarias durante 5 días a la semana, sus coeficientes de tiempo serán, respectivamente, k_{td} = 0,33 y k_{ta} = 0,237; en ambos casos, se clasificará como clase II. Los coeficientes de seguridad y el dimensionado de los elementos del transportador deben estar de acuerdo con estos coeficientes de tiempo.

Otro aspecto que se debe considerar es el coeficiente de carga, k_c, relación entre la carga máxima (o número de cargas, en el caso de un transportador para cargas unitarias) que puntualmente pueda transportar, Q_{max}, y la carga media, $\overline{Q}$:

$$k_c = \frac{Q_{max}}{\overline{Q}} \qquad (5.3)$$

En la tabla 5.2 se indican las clases correspondientes según los valores del coeficiente de carga.

Clase	A	B	C
k_c	Hasta 1,5	1,5 a 4	Más de 4

| Tabla 5.2 | Clase de transportador según el coeficiente de carga

Las condiciones operatorias variarán de muy ligeras o suaves, *ML*, a ligeras, *L*, medias, *M*, severas o altas, *S*, o muy severas, *MS*, según la combinación de ambas clases, tal como se indica en la tabla 5.3.

En función de dichas condiciones operatorias, se elegirán los elementos constituyentes y los materiales de los equipos transportadores y, asimismo, se tendrán en cuenta a la hora de fijar los oportunos coeficientes de seguridad.

Además de las condiciones de utilización, deberán tenerse en cuenta las condiciones ambientales: si el transportador transcurre en el interior de una instalación industrial o si, por el contrario, está a la intemperie y, en ambos casos, el rango de temperaturas y de humedades relativas ambientales.

Clase según tiempo	Clase según carga		
	A	B	C
I	ML	ML	L
II	L	L	M
III	M	M	S
IV	S	S	MS
V	S	MS	MS

Tabla 5.3 | Clasificación de las condiciones operatorias

Capacidad de transporte

Se expresa como el volumen o la carga por unidad de tiempo que puede transportar la instalación. En el caso de cargas unitarias, será el número de paquetes o de cargas transportadas en una unidad de tiempo (Fig. 5.1).

Si el flujo de transporte es ininterrumpido, la carga transportada, Q, en toneladas por hora, es:

$$Q = 3600 \cdot S \cdot v \cdot \gamma \qquad (5.4)$$

Siendo:
  S, sección transversal del flujo de material, [m²]
  v, velocidad, [m/s]
  γ, peso específico aparente, [t/m³]

5.1 | Transportador continuo, a) cargas a granel (cinta transportadora); b) cargas unitarias (banda articulada)

Cuando se transportan cargas unitarias, de peso q, y cuya separación o paso es, t, entonces la capacidad de transporte es:

$$Q = \frac{3600 \cdot q}{9810 \cdot t} v = 0,36 \cdot w \cdot v \qquad (5.5)$$

Siendo:
 q, carga unitaria transportada, [N]
 w, carga por unidad de longitud, [N/m]

Resistencias y esfuerzo tractor

Las resistencias pueden agruparse en:
- resistencias debidas al desplazamiento (horizontal y/o vertical) de la carga
- resistencias debidas al movimiento del transportador (tramo activo y tramo de retorno)
- resistencias debidas a accesorios y a puntos singulares (retornos, curvas, etc.)

El esfuerzo tractor aplicado debe ser, como mínimo, igual a la suma de las resistencias. No obstante, para cada aparato transportador se estudiarán las condiciones particulares de transporte.

Potencia motriz

La potencia, N [kW], requerida para ejercer un esfuerzo tractor, F [N], a una velocidad, v [m/s], es:

$$N = \frac{F \cdot v}{1000} \quad (5.6)$$

y la potencia motriz:

$$N_m = \frac{N}{\eta} \quad (5.7)$$

Siendo η el rendimiento del equipo motor.

Arranque y parada de los transportadores

En el momento del arranque, los coeficientes de rozamiento del material a transportar con los materiales que conforman el propio transportador son los coeficientes estáticos, siempre mayores que los dinámicos, por lo que los valores de las resistencias iniciales son mayores. Además, en las fases de arranque y parada, así como en los momentos de aceleración o de frenado general de las instalaciones de transporte, aparecen esfuerzos de inercia que pueden llegar a ser muy importantes. Estos esfuerzos de inercia no son únicamente traslacionales, sino que también incluyen las inercias debidas a los elementos rotatorios, que según las características del transportador pueden ser notables.

5.2 Características de los materiales

Desde el punto de vista de la transportabilidad, las cargas a granel se caracterizan por su densidad aparente, sus ángulos de talud en reposo y en movimiento, la forma y las dimensiones de las partículas, así como por otras propiedades físicas y químicas que condicionan la elección de uno u otro tipo de transportador y de los materiales empleados en su construcción.

Densidad aparente

La densidad aparente de los productos granulares puede ser la del material suelto o la correspondiente al material compactado (por vibración o por compactación mecánica). La elección de una u otra depende de la forma en que es transportado el material; esto es, depende del tipo de transportador. La densidad de los materiales más corrientes se indica en la tabla 5.4.

Material	Densidad media (kg/m^3)	Ángulo de talud en reposo (°)
Arcilla húmeda	1700	45
Arcilla seca	1000	45
Arena y grava húmedas	2000	45
Arena y grava secas	1540	45
Astillas de madera	160 – 480	45
Carbón mineral	1200 – 1500	18
Carbón vegetal	200 – 400	18
Cemento	1000 – 1300	40
Ceniza, húmeda	700 – 900	23
Ceniza, seca	550 – 650	20
Harina	500 – 800	35 - 45
Lino	600 – 680	23 - 26
Maíz, granos	700 – 820	26 - 29
Malta	530 – 600	21 - 23
Sal, fina	1200 – 1300	15 – 18
Sal, gruesa	700 – 800	18 – 20
Sorgo, granos	670 – 760	33
Tierra vegetal	1120	45
Trigo	750 – 840	25
Virutas de acero	150 – 600	45

| Tabla 5.4 | Características de algunos materiales susceptibles de ser transportados

Ángulo de talud

El ángulo de talud es el formado entre la horizontal y la pendiente de un apilamiento del material. Depende de la aptitud a fluir del material, es decir: de la naturaleza (cohesión, rugosidad), la forma y el tamaño de las partículas que constituyen la pila (Fig. 5.2).

| 5.2 | Ángulo de talud

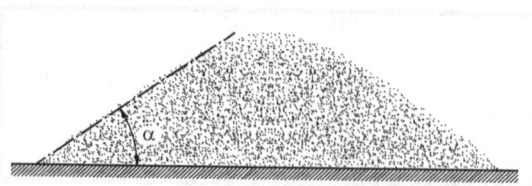

El ángulo de talud puede determinarse en reposo, α_0, o en movimiento, α_m. Este último es el adecuado para los cálculos en los transportadores; sin embargo, depende de la velocidad y, asimismo, su medida es más difícil que la del ángulo de talud en reposo, por lo que a menudo se toma el valor aproximado siguiente: $\alpha_m = 0{,}75 \cdot \alpha_0$. El ángulo de talud en reposo varía con el contenido de humedad del material y con las condiciones ambientales, especialmente la humedad relativa (tabla 5.4).

5.3 Elevador de cangilones (bucket conveyor)

El elevador más simple es el elevador de cangilones. Habitualmente se diseña para una disposición vertical o muy inclinada ($\alpha > 80°$, en este caso, el ramal de trabajo va soportado por rodillos o guías de apoyo; el ramal libre pandea o va soportado). Permiten la entrega a elevadas alturas (hasta 30 m) y de 5 a 600 m³/h. La aplicación óptima es para la elevación de productos granulares (Fig. 5.3).

El órgano de tracción consiste en una cadena o una banda transportadora (Fig. 5.4). Si se emplea para materiales fácilmente movedizos, puede usarse una banda transportadora con nervaduras, lo que permite velocidades de hasta 2,5 m/s para minerales pulverizados. Sin embargo, cuando la elevación es muy alta, las cargas de gran tamaño y/o las temperaturas de los materiales transportados son elevadas, la velocidad máxima raramente supera 1,25 m/s. Los cangilones pueden ser continuos o, por el contrario, separados una cierta distancia. Tanto las cadenas como la forma de los cangilones están normalizadas, dependiendo de la naturaleza y la textura del material a transportar. Por lo general, se trata de instalaciones de dimensiones relativamente reducidas en sección transversal.

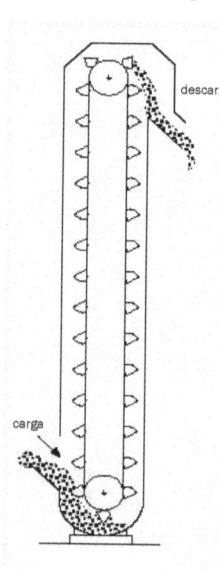

| 5.3 | Esquema de un elevador de cangilones

El método de carga del cangilón puede ser:
– Por arriba del cangilón
– Por dragado
– Mixta

Tipos de cangilones

Los cangilones tienen diseños muy variados (profundos, si los materiales son de grano fino y no presentan tendencia a apelmazarse, más abiertos y planos cuando el material puede pegarse, Fig. 5.5) y pueden adoptar distintas configuraciones según el material que se debe transportar, el método de carga y de descarga y las velocidades de trabajo:

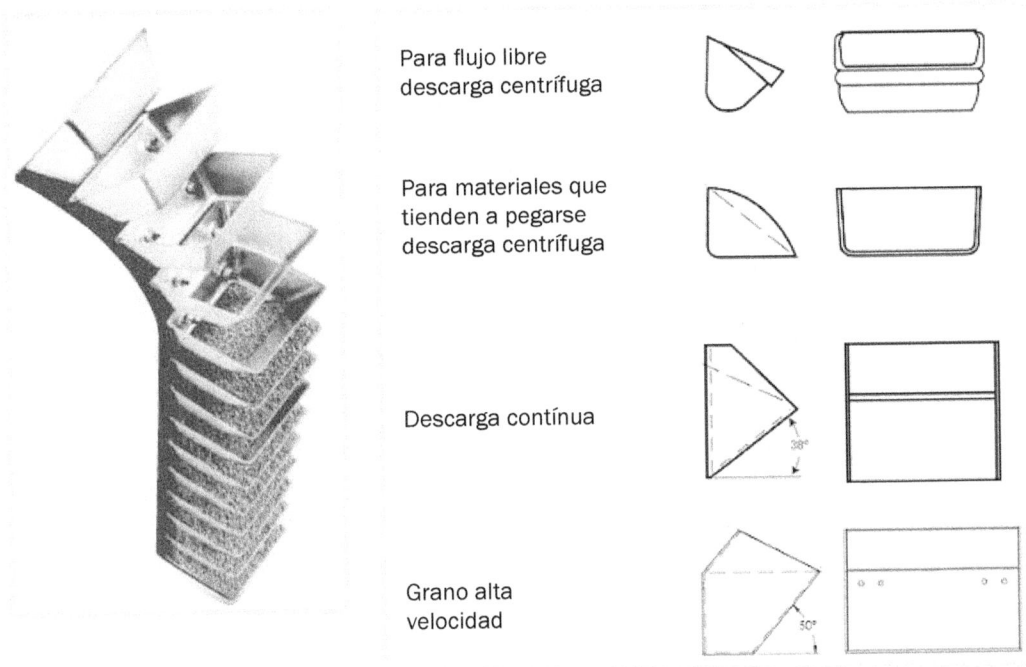

| 5.4 | Transportador de cangilones montados sobre una banda

| 5.5 | Distintos tipos de cangilones

- Montados sobre banda con descarga centrífuga. Requieren una velocidad mínima superior a 0,8 m/s y pueden superar los 4 m/s en el caso de elevación de cereales. Se emplean para materiales de grano fino y con llenado directo.
- Montados sobre cadena con descarga positiva (artesa receptora). Llenado por dragado. Menor velocidad que los de descarga centrífuga. Se usan para materiales pulverulentos, ligeros y frágiles.
- Cangilones de escama, montados sobre banda o cadena. La pared sirve de canalón para la carga que se derrama desde el sucediente cangilón. Velocidades reducidas, por lo general, inferiores a 0,8 m/s.
- Cangilones montados sobre cadena con descarga central. Velocidad reducida.
- Cangilones montados sobre banda con doble columna. Bandas de goma con cangilones pareados o al tresbolillo. Grandes alturas de elevación.

Flujo y potencia de un elevador de cangilones

La carga de un cangilón es:

$$G = V \cdot \gamma \cdot \varphi \tag{5.8}$$

Siendo:
V, volumen, [dm^3]
γ, peso específico, [N/dm^3]
φ, coeficiente de llenado (de 0,6 a 0,9) según el tipo de cangilón y de material, puesto que el cangilón no va colmado

El flujo, Q [t/h], es:

$$Q = 3,6 \cdot \frac{G}{9,81 \cdot t} \cdot v \approx 0,36 \frac{G \cdot v}{t} \qquad (5.9)$$

Siendo:

v, velocidad, [m/s]

t, paso (distancia entre cangilones), [m]. Normalmente $t = 2$ o $3 \cdot h$, siendo h la altura del cangilón; cangilones de escamas: $t = h$; en elevadores de cadena, t debe ser múltiplo del paso de la cadena.

La potencia debe ser la suficiente para vencer las resistencias debidas a la elevación, a los rozamientos, a la carga y la descarga, así como la de inercia.

La potencia necesaria para la elevación del material a una altura H es:

$$W_E = Q \cdot H = \frac{G \cdot v \cdot H}{t} \qquad (5.10)$$

Mientras que la potencia para mover el elevador en vacío es:

$$W_V = \left[Q + \left(2(q_c + q_k) + \frac{T_0}{H} \right) \cdot v \right] \cdot f \cdot H \qquad (5.11)$$

Siendo:

q_c, peso por unidad de longitud de los cangilones, [N/m]

q_k, peso por unidad de longitud de la cadena o banda, [N/m]

T_0, tensión previa, [N]

f, coeficiente de rozamiento

La potencia de dragado depende —además de la potencia de elevación—, de la forma del cangilón, de su volumen y de la naturaleza del material a elevar. Es de difícil cálculo y, generalmente, se fija a partir de razonamientos empíricos.

En el momento del arranque o de la parada, aparecen las fuerzas de inercia debidas a las masas traslacionales y a las rotacionales. Si las aceleraciones son pequeñas, representan una pequeña fracción respecto a los esfuerzos anteriormente considerados.

Por tanto, la potencia motriz, W_m, será:

$$W_m = \frac{W}{\eta} \geq \frac{W_E + W_V + W_D}{\eta} \qquad (5.12)$$

Siendo:

W, potencia útil, [kW]

η, rendimiento del grupo motor/reductor (0.85 a 0.95)

La estación tractora se ubica, salvo casos especiales, en la parte superior, mientras que la estación tensora se dispone en la parte inferior del elevador.

Ventajas e inconvenientes

Las principales ventajas son:
- Equipo sencillo que no requiere prácticamente prestación de personal
- Pocas averías
- Si está bien cerrado, ausencia de polvo
- Permite el transporte de materiales a elevada temperatura

Como inconvenientes cabe citar:
- Elevado consumo energético, en comparación con el trabajo útil
- Riesgos de atascos del material con la caja exterior de protección
- Deformación (alargamiento) de las cadenas o correas

Clasificación y aplicaciones

Los elevadores suelen clasificarse en (Fig. 5.6):
1. Elevadores de proyección. El llenado del cangilón se realiza por dragado y la descarga por centrifugación; las velocidades son del orden de 0,9 a 1,5 m/s. Es adecuado para materiales pulverulentos de grano fino.
2. Elevadores de gravedad. El llenado es análogo al anterior minetras que la descarga es por derrame. Velocidades inferiores a 0,9 m/s. Adecuado para materiales pegajosos y frágiles.
3. Elevadores de cangilones continuos. Carga directa sobre cangilones. Cada cangilón descarga sobre el anterior. Velocidades hasta 0,6 m/s. Adecuado para materiales de granulometría variable.

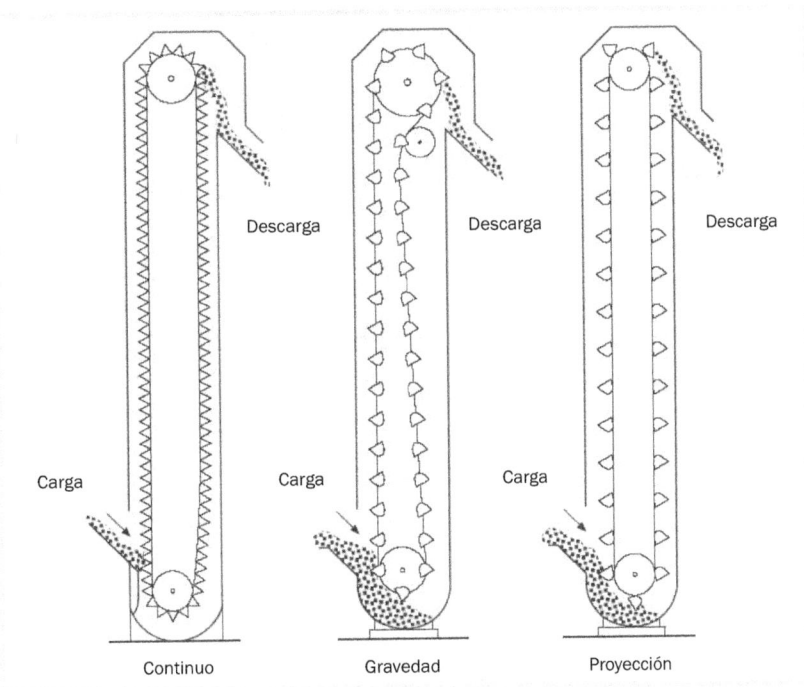

| 5.6 | Diferentes tipos de elevadores de cangilones

Variantes

Transportadores de bandejas. Formados por un elevador de doble cadena en la que se montan los soportes o bandejas con un dispositivo que facilite la carga y la descarga de las unidades previstas. Las velocidades de elevación raramente superan los 0,3 m/s. Se trata de una variante de los elevadores de cangilones en los que se sustituye el cangilón o cubeta por una bandeja o un soporte, de tal forma que permita la elevación de cargas unitarias tales como paquetes, bidones, piezas mecánicas, etc.

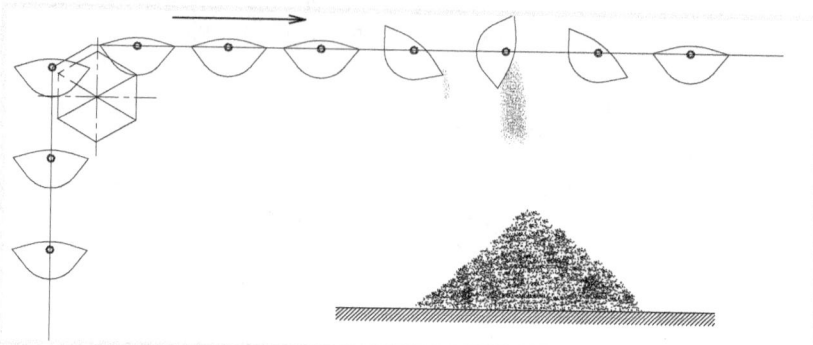

| 5.7 | Transportador de plataformas oscilantes.
Fuente: Delgado

Transportadores de plataformas oscilantes. Consisten, como su nombre indica, en unas bandejas o cangilones basculantes de forma que posibilitan tanto el desplazamiento vertical como el horizontal.

El transportador está formado por dos cadenas en las que se montan unas cubetas o cangilones, más o menos abiertos, de forma que pueda mantenerse siempre en la misma posición vertical, con independencia del recorrido. En los tramos horizontales, las cubetas están soportadas por guías–carriles para evitar el pandeo del conjunto (Fig. 5.7).

La carga se efectúa mediante tolvas sincronizadas con el movimiento de la cadena y la descarga por volteo de los cangilones, mediante un sistema de mecanismos. La capacidad de los cangilones es de 0,05 a 0,4 m^3 y la velocidad del transportador es de 0,3 a 0,5 m/s.

La capacidad del transportador se determina mediante la expresión 5.9.

Transportadores de cadena de arrastre *(chain conveyors)*: basados en dos cadenas paralelas unidas mediante perfiles que mueven el material en una artesa o canalón abierto (en algunos casos, cerrado). La artesa puede ser de acero, hormigón e, incluso, madera. Pueden ser continuos o intermitentes (Fig. 5.8).

La condición principal es que el rozamiento entre las cargas que se deben transportar sea superior al rozamiento entre la carga y el canalón.

Se emplean para mover material granulado, en terrón o pulverizado en trayectoria horizontal o poco inclinado ($\alpha < 30°$). No sirve para material abrasivo o cenizas, debido al desgaste de la artesa. Las velocidades suelen ser bajas, de 0,2 a 1 m/s.

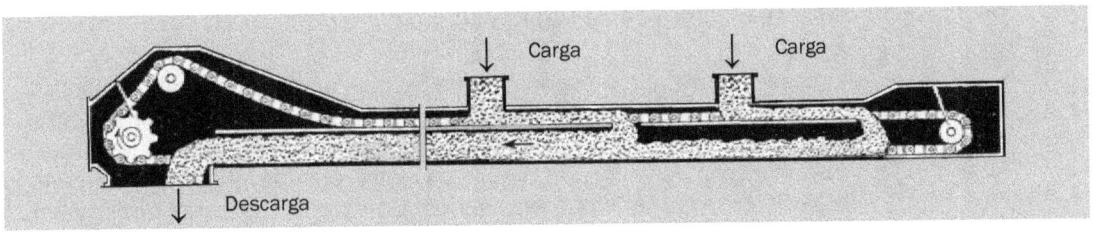

|5.8| Transportador de arrastre continuo. Fuente: Spivakovsky y Diachkov

El flujo de carga es:

$$Q = 3,6 k \cdot S \cdot v \cdot \gamma \qquad (5.13)$$

Siendo:
  Q, carga transportada, [t/h]
  S, sección transversal de trabajo, [m²]
  γ, peso específico, [N/dm³]
  v, velocidad [m/s]
  k, coeficiente de productividad; $k=k_1 \cdot k_2 \cdot k_3$. Siendo k_1 un coeficiente para tener en cuenta las pérdidas de volumen útil del canalón; k_2, coeficiente de capacidad de carga al compactarse el material durante su transporte, $k_2>1$, y k_3, coeficiente de retraso en el desplazamiento de la carga respecto a la velocidad de la cadena ($0,8 < k_3 < 0,45$).

Las principales ventajas radican en la posibilidad de descarga en cualquier punto del recorrido, una construcción sencilla y un fácil mantenimiento. Los inconvenientes son un empleo muy limitado, el riesgo de trituración del material, consumo energético elevado, desgastes en canalón y rasqueta, y que no sirve para materias húmedas y pegajosas.

Transportador *Redler* o de cadena flotante

Aunque Redler es una marca registrada de un importante fabricante de equipos de transporte de materiales en masa, en el ámbito de la manutención, el término Redler se emplea para describir el conjunto de transportadores de cadena flotante que, con distintas disposiciones, consisten en una cadena sin fin provista de un conjunto de aletas de arrastre tal como se muestra en la figura 5.9.

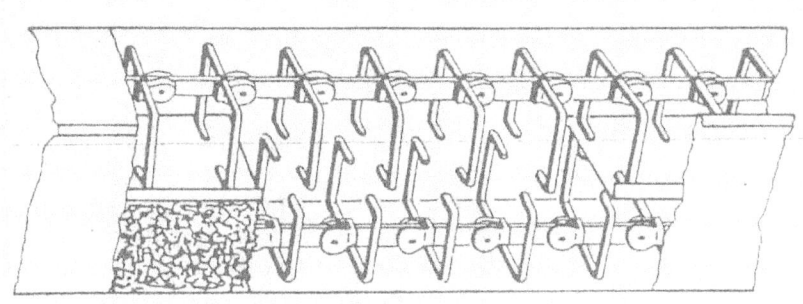

|5.9| Transportador Redler

5.4 Dispositivos de descarga vertical *(chute conveyor)*

El caso más simple y económico de instalación fija de manutención es el plano inclinado o canalón –tobogán–. Se emplea como enlace entre dos dispositivos de manutención, para acumular material en las áreas de carga o para transportar objetos entre plantas, y sirve tanto para materiales a granel como envasados. En este último caso, el principal inconveniente es el control de la posición de los objetos.

Debe verificarse que el ángulo de inclinación, α_i, sea mayor que el ángulo de rozamiento, α_r, el cual depende de los materiales involucrados (Fig. 5.10). En general, $\alpha_i = \alpha_r + 5$ a $10°$. El problema típico que presentan estas instalaciones es la aceleración de la carga al deslizar, por lo que al final del trayecto se suaviza la pendiente (tobogán, Fig. 5.11).

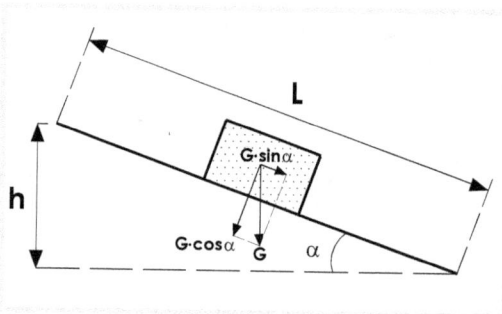
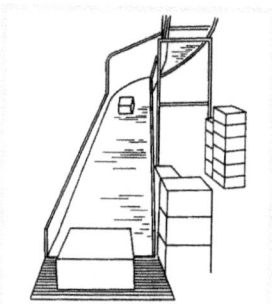

| 5.10 | Plano inclinado

| 5.11 | Tobogán.
Fuente: Kay; MHT

Al final del trayecto se verifica:

$$\frac{G}{g} \cdot \frac{v^2 - v_0^2}{2} = G \cdot (sen\alpha - f \cdot \cos\alpha) \cdot \frac{h}{sen\alpha} \quad (5.14)$$

Siendo:
- G, peso de la carga, [N]
- v, velocidad después de un descenso h, [m/s]
- v_0, velocidad inicial, [m/s]
- L, recorrido en el plano inclinado, [m]
- f, coeficiente de rozamiento
- α, ángulo de inclinación, [°]

Operando y simplificando:

$$v = \sqrt{2 \cdot g \cdot (1 - f \cdot cotg\alpha) \cdot h + v_0^2} \quad (5.15)$$

Algunos valores de coeficiente de rozamiento inicial ($tg\alpha_r$) se indican en la tabla 5.5.

Una variante es el plano inclinado en helicoidal simple o doble (Fig. 5.12). La ventaja de estos toboganes es que proporcionan un mejor control de la velocidad de descenso, ya que, al acelerarse, el material tiende hacia el exterior donde la pendiente es menor y su velocidad se reduce.

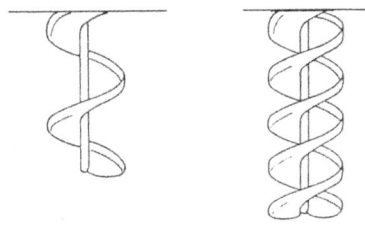

Metal sobre metal	0.15 a 0.25
Metal sobre madera	0.20 a 0.65
Madera sobre madera	0.25 a 0.60

| Tabla 5.5 | Coeficiente de rozamiento inicial

| 5.12 | Tobogán helicoidal simple y doble

5.5 Bandas transportadoras *(belt conveyors)*

Llamadas también transportadores de cinta o transportadores sin fin. Se trata de uno de los sistemas más empleados tanto para materiales a granel como para el transporte de bultos. En este capítulo se considerarán únicamente las cintas transportadoras para materiales a granel, que pueden mover varios miles de toneladas/hora a notables distancias (Fig. 5.13).

| 5.13 | Bandas transportadoras

Consiste en una cinta sin fin, accionada por un tambor motor, sobre la que se transportan las cargas. Las cintas transportadoras acostumbran a ser horizontales pero admiten una inclinación de hasta unos 35° –según sea el ángulo de talud natural del material a transportar– y superiores si la cinta dispone de nervaduras. Los transportadores de banda están formados por cinco partes principales (Fig. 5.14):

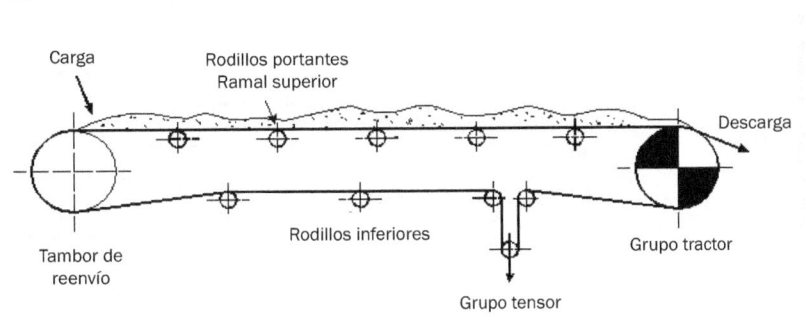

| 5.14 | Partes principales de un transportador de cinta

- Bastidor
- Cinta propiamente dicha
- Rodillos de soporte
- Grupo tractor
- Grupo tensor
- Además de los dispositivos de accionamiento, seguridad, control y accesorios.

Tensiones en las bandas transportadoras

Si se toma un pequeño trozo de banda y se traza el diagrama del sólido libre[14], en la zona de contacto entre el tambor del grupo motor y la banda, tal como se muestra en la figura 5.15.

Estableciendo el equilibrio de fuerzas en la dirección radial y en la circunferencial, y teniendo en cuenta el coeficiente de rozamiento entre la banda y el tambor, se obtiene la relación siguiente, conocida como ecuación de Euler-Eytelwin:

$$T_1 = T_2 \cdot e^{\mu_s \theta} \qquad (5.16)$$

Siendo

T_1, tensión a la entrada del tambor, [N]
T_2, tensión a la salida del tambor, [N]
θ, ángulo abrazado, [rad]
μ_s, coeficiente de rozamiento

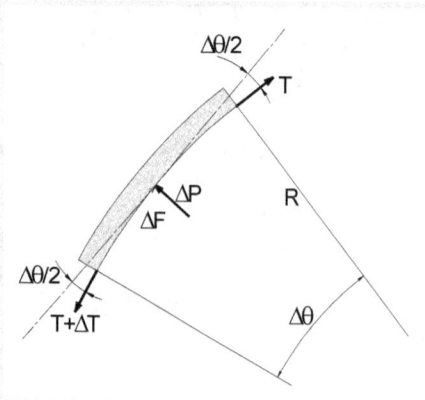

| 5.15 | Tensiones en la zona de contacto banda/tambor

En la figura 5.16 se representa la variación de la relación de tensiones con el ángulo abrazado para tres coeficientes de rozamiento distintos (puede observarse que, con una adecuada disposición de varios tambores motores, son posibles ángulos de contacto superiores a los 360°). Y en la tabla 5.6 se muestran algunos de los valores más usuales de los coeficientes de rozamiento.

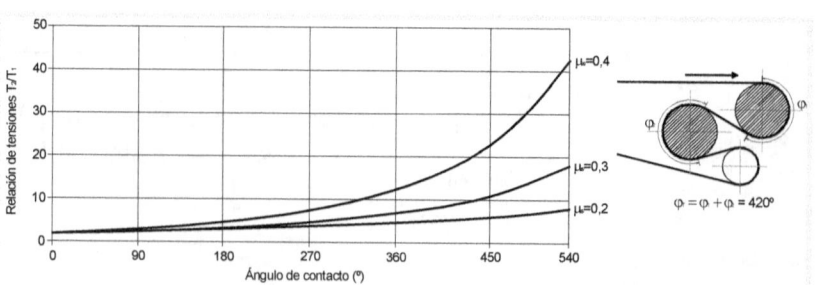

| 5.16 | Variación de la relación de tensiones con el ángulo abrazado y el coeficiente de rozamiento

	Material			
Condiciones de funcionamiento	**Acero desnudo**	**Recubierto de goma**	**Recubrimiento poliuretano**	**Recubrimiento cerámico**
En seco	0,35 – 0,40	0,40 – 0,45	0,35 – 0,40	0,40 – 0,45
Mojado, agua limpia	0,10	0,35	0,35	0,35 – 0,40
Mojado, agua sucia	0,05 – 0,10	0,25 – 0,30	0,20	0,35

| Tabla 5.6 | Coeficientes de rozamiento entre banda y tambor. Fuente: López Roa

Cálculo de bandas transportadoras

Los datos de partida necesarios para el cálculo de una banda transportadora son los siguientes:
- Material a transportar (características, densidad y ángulo de talud).
- Caudal másico medio y máximo a transportar.
- Esquema aproximado del recorrido (distancia y elevación) de la banda.
- Condiciones operativas.
- Sistemas de carga y de descarga previstos.

Se efectúa un primer cálculo aproximado para elegir el tipo de banda. Una vez escogida la banda, se conoce su peso por unidad de longitud, así como la tensión máxima admisible. Luego se repite el cálculo a partir de las características particulares de los elementos elegidos: rodillos de soporte, rodillos tensores, etc.

Cálculo del ancho de bandas planas

Por lo general, en función del tipo de material (densidad, tamaño medio y distribución de tamaños de partícula, etc.) se elige la velocidad de transporte, que acostumbra a estar en el rango de 1 a 3,5 m/s. Ver tabla 5.7 (aunque a igualdad de material, se emplean velocidades tanto más elevadas cuanto mayor es la anchura de la banda).

Material	**Inclinación máx. (°)**	**Vel. máx.(m/s)**
Arena de moldeo	24	2.0
Arena húmeda	22	2.5
Arena seca	18	2.5
Cemento	22	2
Grava seca	18	2.5
Hormigón	15-25	2.0
Montones de basura	20	2.0
Sal	18	1.5
Tierra húmeda	22	2.5
Tierra seca	18	2.5
Trigo	15-20	3.5

| Tabla 5.7 | Angulo inclinación y velocidad máxima de transporte recomendada para algunos materiales

En el caso de bandas planas (Fig. 5.17), el ancho de banda útil, b', es siempre menor que el nominal, y suele emplearse la expresión:

$$b' = (0,9b - 0,05) \tag{5.17}$$

La sección transversal del material depende de la inclinación de la banda y del talud del material en movimiento y es, aproximadamente, triangular. La expresión siguiente sirve para calcular el ancho teórico en función del caudal másico a transportar.

$$b = 1,1 \left(\sqrt{\frac{Q/3600}{k_m \cdot k_i \cdot v \cdot \gamma}} + 0,05 \right) \tag{5.18}$$

Siendo:
Q, capacidad de transporte, [t/h]
k_i, coeficiente de inclinación (s/ tabla 5.8)
b, ancho de la banda, [m]
v, velocidad, [m/s]
γ, peso específico del material, [t/m³]
k_i, un coeficiente de inclinación cuyos valores se indican en la tabla 5.8
k_m, coeficiente que depende de la movilidad del material a transportar (suele tomarse, k_m=0,16, para materiales de elevada movilidad; k_m=0,24, para materiales de movilidad media, y k_m=0,32, para materiales de baja movilidad).

| Tabla 5.8 | Valores del coeficiente de inclinación

δ (°)	0	2	4	6	10	14	20
k_i	1	1	0.99	0.98	0.95	0.91	0.81

Una vez determinado el ancho b, se adapta al ancho comercial más próximo (las medidas más usuales suelen ser: 300, 400, 500, 650, 800, 1000, 1200, 1400, 1600 y 2000 mm, aunque debe consultarse los catálogos de los fabricantes).

Cálculo del ancho de bandas en artesa

Cuando la banda no es plana sino que se dispone en forma de artesa (Fig. 5.18), la sección transversal total de transporte, S_T es la suma de la sección trapezoidal, S_i, que depende de la forma de la artesa, y de S, que es igual que para la banda plana.

$$S_T = S + S_i \tag{5.19}$$

Cálculo de la potencia motriz

La potencia motriz depende del sistema tractor y de la disposición de la banda. Los diferentes casos se calculan de la forma siguiente:

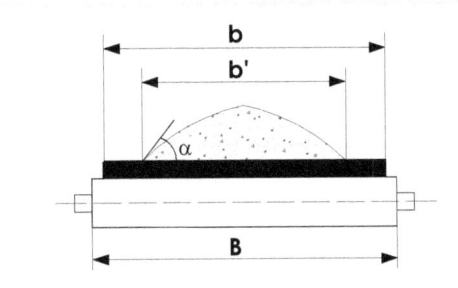
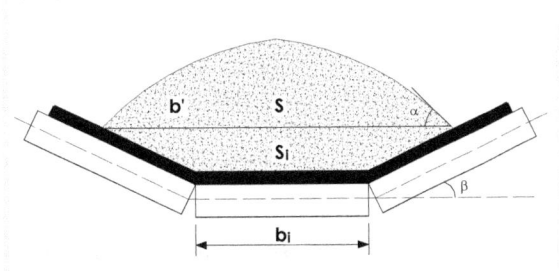

| 5.17 | Sección transversal de una banda plana

| 5.18 | Sección transversal de una banda en artesa

Bandas transportadoras horizontales

La resistencia al movimiento, en el ramal superior, R_S, activo, es:

$$R_S = C \cdot f \cdot L \cdot (P_Q + P_B + P_S) \qquad (5.20)$$

Siendo:
- C, coeficiente de longitud de banda
- f, coeficiente de rozamiento de los cojinetes de los rodillos, $f = 0.022 - 0.025$
- L, longitud del transportador, [m]
- P_B, peso por unidad de longitud de la banda, [N/m]
- P_Q, peso por unidad de longitud del material a transportar, [N/m]
- P_S, peso por unidad de longitud de las partes móviles, ramal superior o activo, [N/m]

La resistencia al movimiento en el ramal inferior, R_I, (retorno) es:

$$R_I = C \cdot f \cdot L \cdot (P_B + P_I) \qquad (5.21)$$

Siendo P_I el peso por unidad de longitud de las partes móviles del ramal de retorno o inferior, [N/m].

El esfuerzo tractor que debe desarrollar la polea motriz, F, es:

$$F = R_S + R_I \qquad (5.22)$$

Es decir:

$$F = C \cdot f \cdot L \cdot (P_Q + 2 \cdot P_B + P_S + P_I) \qquad (5.23)$$

La potencia útil:

$$N = \frac{F \cdot v}{1000} \qquad (5.24)$$

Y la potencia motriz:

$$N_m = \frac{N}{\eta} \qquad (5.25)$$

Siendo:
η, rendimiento del grupo motor/reductor (0.85 a 0.95)
N, potencia útil, [kW]
v, velocidad de la cinta, [m/s]

Según el diseño y la disposición de la banda, cabe considerar diferentes casos.

Caso 1. Polea motriz única situada en cabeza

Los esfuerzos en la banda son:

$$F = T = T_1 - T_2$$

Por otra parte, tal como se ha visto anteriormente, en la ecuación 5.16:

$$T_1 = T_2 \cdot e^{\mu_s \theta} \qquad (5.26)$$

Y operando:

$$T_1 = T \cdot \left(1 + \frac{1}{e^{\mu_s \theta} - 1}\right) \qquad (5.27)$$

$$T_2 = T \cdot \frac{1}{e^{\mu_s \theta} - 1} \qquad (5.28)$$

Para asegurar que no exista deslizamiento,

$$T_1 \leq T_2 \cdot e^{\mu_s \theta} \qquad (5.29)$$

$$T_3 = T_2 + R_I \qquad (5.30)$$

$$T_4 = T_3 \qquad (5.31)$$

La distribución de tensiones se muestra en la figura 5.19. Debe verificarse que la tensión máxima, T_1, sea inferior a la admisible para la banda elegida.

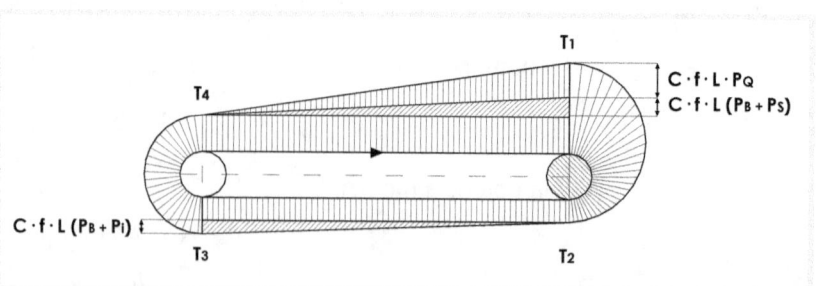

| 5.19 | Distribución de tensiones. Banda horizontal. Polea motriz en cabeza

Caso 2. Polea motriz en cola

T_1 y T_2 son iguales que en el caso anterior, pero en cambio:

$$T_4 = T_3 = T_2 + R_S \qquad (5.32)$$

En esta configuración, las tensiones en la banda, en el ramal de retorno, son mayores; tal como se muestra en la figura 5.20, por lo que debe evitarse en la medida que sea posible, puesto que es en el ramal de retorno donde se ubica el grupo tensor.

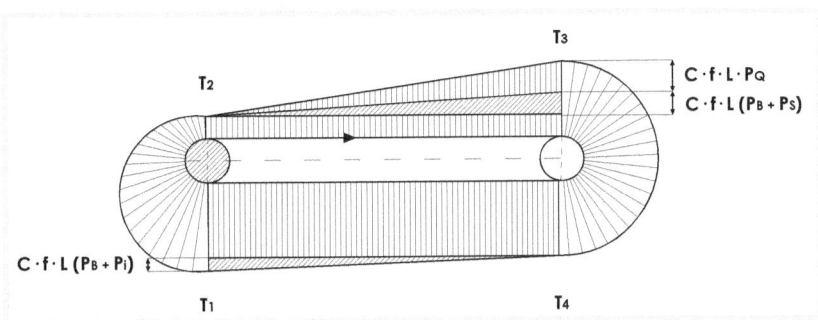

|5.20| Banda horizontal con polea motriz en cola

Transporte inclinado ascendente

En este caso debe tenerse en cuenta el aumento de tensión debido a la elevación del material.

Resistencia al movimiento, ramal superior (activo):

$$R_S = C \cdot f \cdot L \cdot ((P_Q + P_B) \cdot \cos \delta + P_S) + H \cdot (P_Q + P_B) \qquad (5.33)$$

Siendo:
 δ, ángulo de inclinación de la banda
 H, la altura de elevación; $H = L \cdot \mathrm{tg}\delta$

Resistencia al movimiento, ramal inferior (retorno):

$$R_I = C \cdot f \cdot L \cdot (P_B \cos \delta + P_I) - H \cdot P_B \qquad (5.34)$$

De donde, la fuerza desarrollada en la polea motriz es:

$$F = C \cdot f \cdot L \cdot ((P_Q + 2 \cdot P_B) \cos \delta + P_S + P_I) + H \cdot P_Q \qquad (5.35)$$

Los esfuerzos en las bandas se calculan con las mismas expresiones que en el caso de las bandas horizontales –ecuaciones a . La distribución de tensiones en la banda, tanto en el caso de polea motriz en cabeza como en cola, es la que se muestra en las figuras 5.21 y 5.22, aunque, como en el caso de transporte horizontal, se prefiere la disposición con la polea motriz en cabeza.

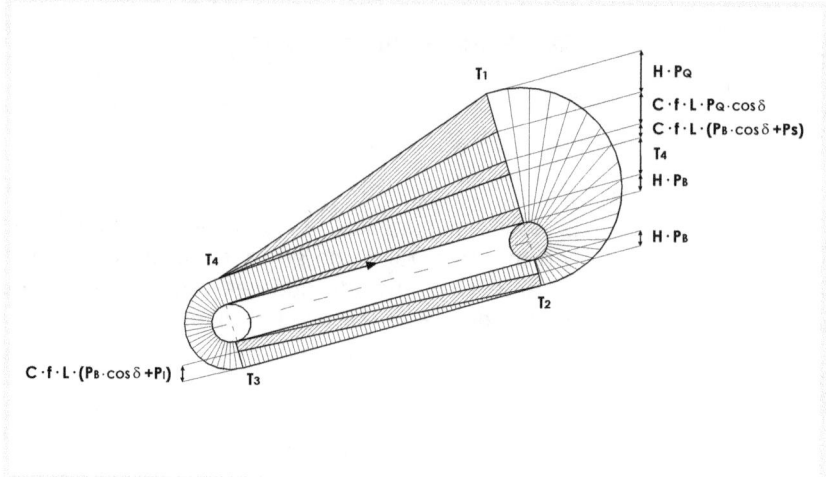

| 5.21 | Banda transportadora ascendente con polea motriz en cabeza

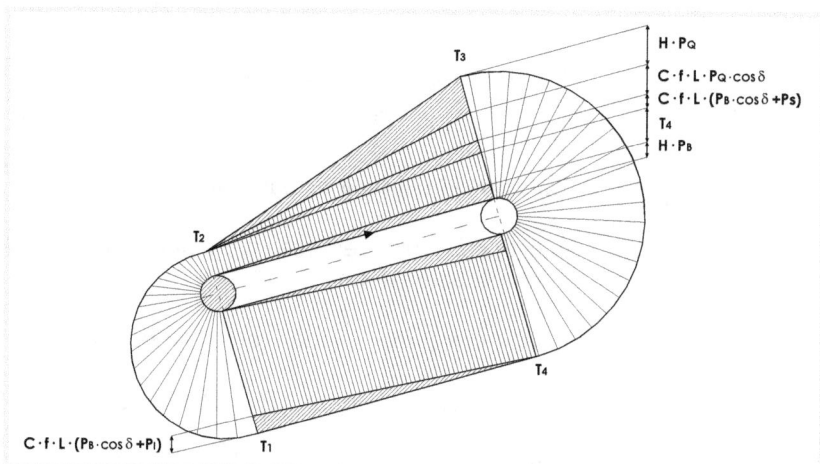

| 5.22 | Banda transportadora ascendente con polea motriz en cola

Transporte inclinado descendente

En el caso de las bandas transportadoras con una inclinación descendente, debe analizarse previamente si la banda debe ser impulsada o, por el contrario, debe ser frenada.

Se emplea la misma expresión anterior, pero con el signo cambiado, para la elevación, *H*; es decir:

$$F = C \cdot f \cdot L \cdot ((P_Q + 2 \cdot P_B)\cos\alpha + P_S + P_I) - H \cdot P_Q \quad (5.36)$$

Si *F*>0, la banda debe ser impulsada; por el contrario, si *F*<0, debe ser frenada.

La distribución de tensiones en la banda se muestra en las figuras 5.23, 5.24, 5.25 y 5.26.

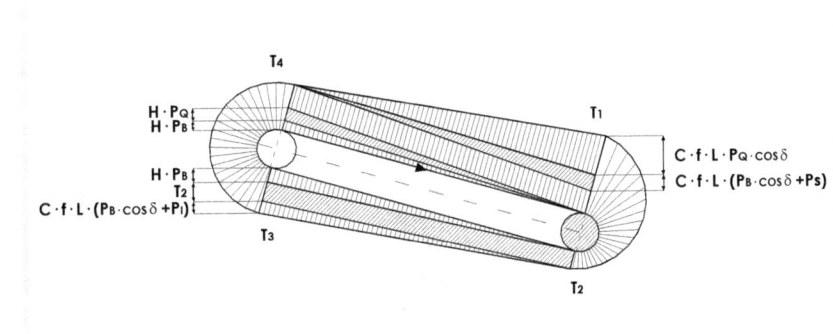

| 5.23 | Banda descendente impulsada con polea motriz en cabeza

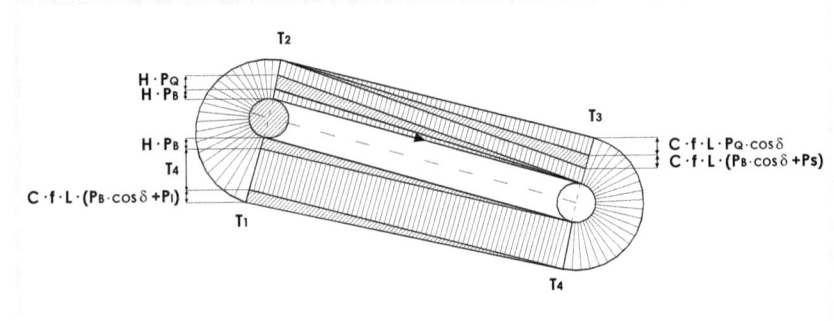

| 5.24 | Banda descendente impulsada con polea motriz en cola

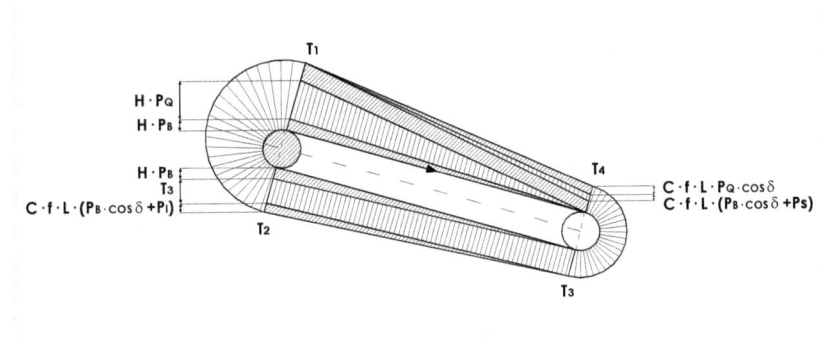

| 5.25 | Banda descendente frenada con polea motriz en cabeza

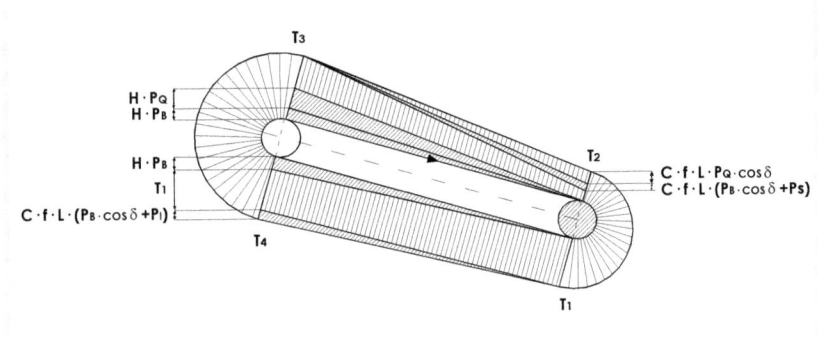

| 5.26 | Banda descendente frenada con polea motriz en cola

Otros esfuerzos necesarios para mover la banda

Además de los anteriores, deben aplicarse unos esfuerzos adicionales para vencer:
  a) el rozamiento a la rotación de los rodillos de desvío y de reenvío
  b) la flexión de la banda en los arrollamientos de los tambores
  c) las inercias (acelerar y frenar) del material en el punto de carga
  d) los rozamientos de los dispositivos de limpieza de banda
  e) los rozamientos en las guías laterales
  f) los esfuerzos en la descarga
  g) otras resistencias

En fase de prediseño, están comprendidos en el *coeficiente de longitud de banda*.

En el caso de las resistencias de inercia debe tenerse en consideración que el material cae sobre la banda a una velocidad v_0 en la dirección del movimiento. Si la banda se mueve a una velocidad v, y su capacidad de transporte es de Q, t/h, el esfuerzo requerido para acelerar (o frenar) el material es:

$$R_i = M \cdot a = \frac{P}{g}\frac{v-v_0}{t} = Q\frac{v-v_0}{3,6 \cdot g} = 0,0283 \cdot Q(v-v_0) \qquad (5.37)$$

En la fase de puesta en marcha de la cinta, hay que añadir los esfuerzos de inercia correspondientes a las masas que se desplazan (banda, con o sin carga, según sea el caso) y los de las que giran (poleas motrices, rodillos de soporte, etc.).

Los rozamientos debidos a los dispositivos de limpieza son importantes, puesto que, para eliminar los residuos de material que puedan haberse adherido a la banda, se emplean cepillos y rascadores. La resistencia debido al rozamiento de estos equipos de limpieza es de difícil evaluación y se acostumbra a considerar unos valores del orden de 1,5 a 2,0 kN por metro de ancho de la banda en el caso de cepillos y del doble en el caso de rascadores.

Curvas verticales

En las cintas transportadoras pueden presentarse los siguientes casos de trayectorias en el plano vertical:

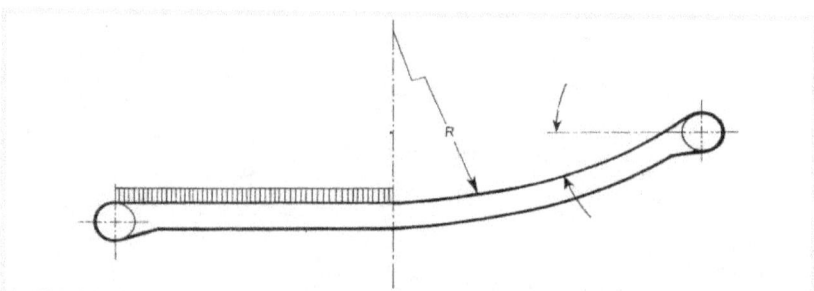

| 5.27 | Curva vertical cóncava. Fuente: Bridgestone-Firestone

- *Curvas verticales cóncavas:* enlazan dos tramos rectos con diferentes inclinaciones mediante una curva cuyo centro de curvatura está situado por encima de las rectas. La banda tiende a elevarse por ser mayor la resultante hacia arriba de la tensión de la banda que el peso de la banda y del material hacia abajo (Fig. 5.27).

- *Curvas verticales convexas:* enlazan dos tramos rectos con diferentes inclinaciones, mediante una curva cuyo centro está situado por debajo de las rectas. La banda queda apoyada sobre los rodillos, al ser mayor el peso de la banda y del material hacia abajo que la resultante de la tensión de la banda hacia arriba.

- *Curvas horizontales:* son empleadas en el plano horizontal y enlazan tramos rectos que no están alineados. Es posible la combinación con las curvas verticales.

- *Inversiones de banda:* tienen por objeto dar la vuelta a la banda en el ramal inferior de la cinta para impedir que la cara sucia de la misma esté en contacto con los rodillos de retorno. Generalmente la operación de inversión se lleva a cabo solo en cintas de gran longitud.

Curvas verticales cóncavas

En la práctica, para el trazado de la curva se emplea un arco de circunferencia. El cálculo del radio de curvatura se realiza considerando que la cinta se encuentra en las condiciones más desfavorables para su funcionamiento, esto es: con la banda transportadora cargada excepto el tramo curvo y tomando como valor de la tensión en el tramo, la máxima que puede aparecer y considerando los esfuerzos de arranque, y puede emplearse la expresión semiempírica de la CEMA:[15]

$$R = 1{,}11 \cdot c_A \cdot \frac{T_x}{P_B} \tag{5.38}$$

Donde:
 R, radio de curvatura
 T_x, tensión en el punto central de la curva
 P_B, peso por unidad de longitud de la banda
 c_A, coeficiente de arranque forzado

En las bandas en artesa, los bordes están sometidos a una tensión menor que la del centro en una curva cóncava. Conviene entonces que dichos bordes no queden faltos de una tensión mínima por el riesgo de que, por compresión, se ondulen, lo que sería perjudicial para la integridad de la carcasa y también por una posible pérdida de material al ceder la parte lateral de la banda.

5.6 Elementos del transportador

Banda

La banda puede ser elastomérica o metálica. En el primer caso, se trata de un sistema multicapa formado por capas de tejido y de algún tipo de material polimérico (Fig. 5.28). El armazón textil confiere las propiedades de resistencia mecánica. La cobertura protege al tejido y confiere propiedades específicas a la banda; la cobertura inferior debe asegurar el rozamiento entre la banda y el tambor. La cobertura superior se elige de acuerdo con las características del producto a transportar. Puede ser lisa o presentar nervaduras con el propósito de facilitar el transporte en planos inclinados o para individualizar el posicionado de los productos transportados (Fig. 5.29).

|5.28| Estructura de una banda transportadora. Fuente: Goodyear

Los aspectos más importantes en la elección de una banda son: la disposición de la banda (plana, en V, o en artesa), su capacidad de transporte, la naturaleza del producto a transportar, las tensiones de trabajo máximas que debe soportar y las condiciones ambientales (ambiente y condiciones climáticas), así como los requerimientos especiales que deba satisfacer.

La tensión de trabajo se elige de forma que pueda soportar la tensión máxima calculada a partir de las expresiones anteriores maximizadas con los correspondientes factores de servicio y de seguridad.

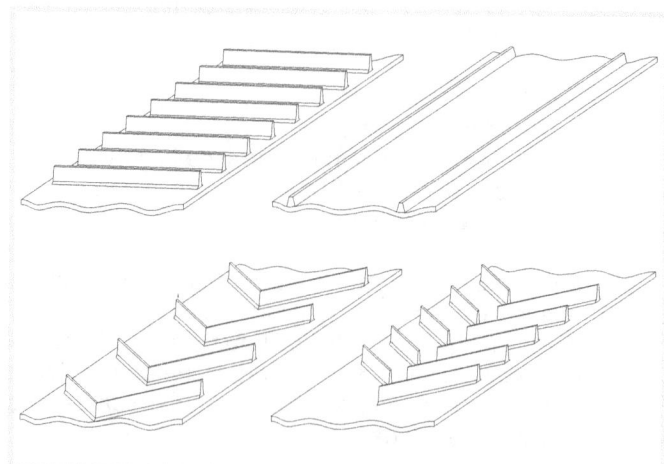

|5.29| Diferentes tipos de banda

Rodillos portantes o de apoyo

Dependen de la disposición de la banda, de la capacidad de transporte, de las características del material y del tipo de banda empleado.

La separación en los rodillos activos depende, asimismo, de la naturaleza de la banda y de las condiciones de uso. Para cargas a granel, la distancia en el ramal activo acostumbra a ser de 1 a 1,5 m, la distancia en la zona de carga del orden de la mitad y en el ramal de retorno, del doble. Los diámetros van de 100 a 150 mm. En el caso de bandas metálicas, la distancia entre rodillos puede llegar hasta los 4 m y sus diámetros hasta 400 mm.

Los rodillos del retorno se acostumbran a colocar con una separación doble de la de los rodillos portantes, es decir, a una distancia de 2 a 3 m.

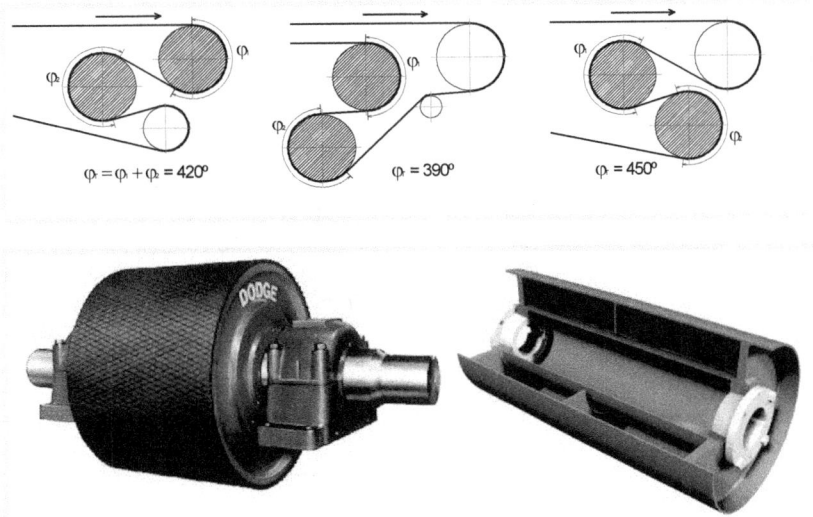

| 5.30 | Diferentes disposiciones del grupo motor

| 5.31 | Tambor motor con recubrimiento y sección de un tambor. Fuente: Dodge-pt

Grupo motor

Puede ser simple o doble (en tándem), de forma que el ángulo abrazado sea incluso superior a los 360° (Fig. 5.30). El grupo tambor/motor puede ser compacto (el motor en el interior del tambor) o convencional (motor + reductor exteriores que accionan el tambor directamente o mediante una transmisión por cadena o correa). En el primer caso, la potencia queda limitada a 8–10 kW (Fig. 5.31).

El material con el cual se fabrica la envolvente del tambor es acero suave, y los discos, de acero suave o moldeado. Existe la posibilidad de abombar los tambores con el objeto de facilitar el centrado de la banda.

La norma UNE 58206-81 fija las dimensiones normalizadas de los tambores para cintas transportadoras en artesa. Los valores se indican en las tablas 5.9 y 5.10.

| Tabla 5.9 | Diámetros nominales de los tambores. Fuente: UNE 58206/81

Diámetro nominal (mm)										
200	250	315	400	500	630	800	1000	1250	1400	1600

| Tabla 5.10 |
Longitud nominal de los tambores. Fuente: UNE 58206/81

Ancho de banda (mm)	Longitud del tambor (mm)
400	500
500	600
650	750
800	950
1000	1150
1200	1400
1400	1600
1600	1800
1800	2000
2000	2200

Otros rodillos (tambores no motores)

Realizan el cambio de trayectoria de la banda. Dependiendo de su situación y función en la cinta se puede distinguir entre (Fig. 5.32):
— *Tensor:* colocado en el dispositivo de tensión.
— *De reenvío o de cola:* colocado en la cola de la cinta.
— *De presión:* colocado próximo al tambor motor o al de cola, con el fin de aumentar el ángulo de arrollamiento de la banda sobre el tambor.
— *De desvío o inflexión:* colocado en el dispositivo tensor cuando éste es de contrapeso para dar un cambio de dirección a la banda.

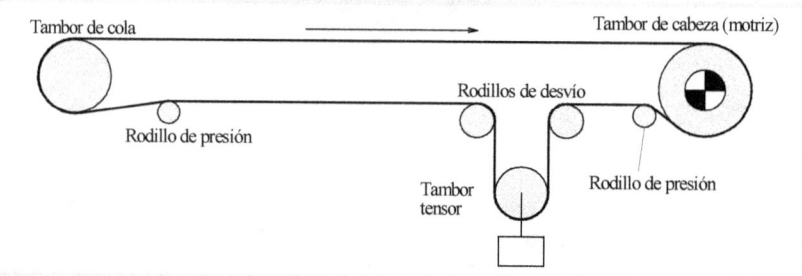

| 5.32 | Rodillos no portadores en una cinta transportadora

Los rodillos están provistos de un recubrimiento de goma con el propósito de aportarles unas determinadas cualidades: en tambores motores, para aumentar el coeficiente de fricción banda–tambor, y en rodillos de presión e inflexión para facilitar la limpieza de la banda. Sobre el recubrimiento de goma se puede realizar un estriado que tiene la función de recoger restos de barro y agua que pudieran afectar a la fricción banda–tambor. El espesor del recubrimiento suele ser del orden de 8 a 15 mm.

El dimensionado de los rodillos depende principalmente de la carga que actúa sobre el tambor, la carga que actúa sobre los rodamientos, el ancho de la banda transportadora y el coeficiente de fricción deseado (para la elección del recubrimiento).

Grupo tensor

Es el responsable de mantener la banda con la tensión requerida. Esta tensión se efectúa por el desplazamiento de la banda mediante contrapesos o mediante un dispositivo tensor de tornillo sin fin (Fig. 5.33). El recorrido de la estación tensora debe ser suficiente para compensar los alargamientos de la banda con el uso y por la temperatura. Se acostumbra a tomar un alargamiento del 1% de la longitud del transportador si éste es horizontal y de 1,5% si es inclinado.

Para conseguir que la cinta transportadora esté en condiciones de transportar la carga máxima prevista, debe lograrse que las fuerzas variables que aparecen a lo largo de la misma respondan a la distribución de tensiones calculadas. Esta distribución de tensiones sólo puede conseguirse si se introduce correctamente el tensor, tanto en su cuantía como en su apropiada localización.

Las principales funciones del tensor de banda son:
- Lograr el adecuado contacto entre banda y tambor motriz para que se efectúe la transmisión de fuerza desde el tambor a la banda, impidiendo el deslizamiento entre ambos.
- Compensar las variaciones de longitud producidas en la banda como consecuencia de los cambios de tensión en la misma (por variaciones en el caudal transportado o durante el arranque y el frenado).
- Evitar el contacto insuficiente entre la banda y los rodillos de la terna, en particular cuando el ángulo de artesa es grande.
- Evitar derrames de material como consecuencia de la falta de tensión en la banda.

Es aconsejable que el emplazamiento del dispositivo tensor sea en aquel punto de la cinta transportadora, donde la tensión de la banda sea la mínima. Si la tensión de la banda en este punto es T_c, el tensor deberá estar cargado con una tensión de $2 \cdot T_c$. Aun así, el emplazamiento final del tensor dependerá de la disposición constructiva del mismo y de la geometría de la cinta.

Si la altura lo permite, el sistema más sencillo de tensor es el de contrapeso ubicado en el ramal de retorno o en el tambor de cola (Fig. 5.33). Una alternativa al tensor de contrapeso es el de husillo. En él, la distancia entre la cabeza y la cola de la cinta es variable. Suelen ser empleados en cintas de poca longitud y de pequeña capacidad. Normalmente, estos tensores están instalados en la bancada del transportador y disponen de un husillo helicoidal en cada lateral en el cual, un extremo está unido a la bancada y el otro al tambor de cola. Al accionar el dispositivo, el husillo actúa sobre el tambor de cola desplazándolo ligeramente.

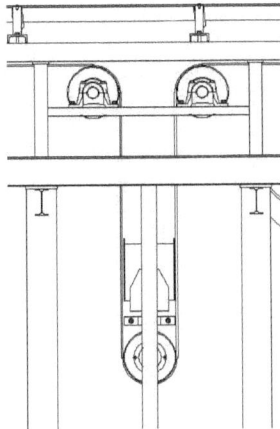

| 5.33 | Tensor de contrapeso en el ramal de retorno

Dispositivos de limpieza

La limpieza de las cintas transportadoras es de gran importancia para su correcto funcionamiento. La pérdida de material puede significar, a largo plazo, una importante pérdida económica además del ensuciamiento de las partes de la instalación pudiendo producir atascos y problemas.

La deficiente limpieza del transportador tiene varias consecuencias directas: pérdida de capacidad transportadora, eventuales pérdidas de material y aumento de los costes de mantenimiento de los equipos de limpieza y atención al desvío de la banda.

El ensuciamiento más importante es el de la cara exterior (de trabajo o portante) de la banda, producido por la deficiente limpieza de la misma después del vertido del material por el tambor de cabeza. Este material pegado se va desprendiendo a lo largo del ramal inferior, desde cabeza a cola, depositándose en el suelo y en los rodillos, dificultando el giro de estos últimos y produciendo descentramientos de la banda.

Los equipos de limpieza se basan en la acción del rascado y cepillado de la banda y tambores, y habitualmente se colocan lo más cerca posible del tambor de cabeza y de cola. Los principales tipos son:

— Rascador previo. Formado por hojas con tacos gruesos de goma como elementos de rascado. Se emplea cuando el material es pegajoso y de difícil limpieza para facilitar el trabajo del limpiador secundario (*Figs.* 5.34 y 5.35).

— Rascador rotativo o de cepillo. Consiste en un cepillo o rodillo que gira por la acción de un motor eléctrico sobre la superficie de la banda transportadora (Fig. 5.36).

— Rascadores en "V" y en diagonal: Estos rascadores tienen la función de impedir que los restos de material situados sobre la cara interna de la banda en el ramal inferior penetren entre la misma y el tambor. Estos equipos de limpieza se suelen colocar antes del tambor de cola y en otros tambores (no en el motor) (Fig. 5.37).

| 5.34 | Rascador previo. Fuente: Hosch

| 5.35 | Rascador secundario. Fuente: Flexco

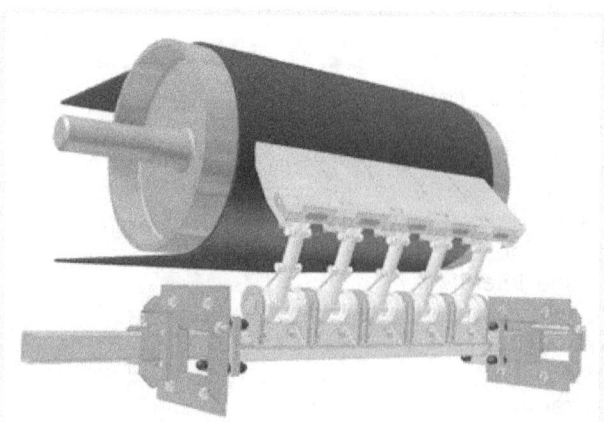
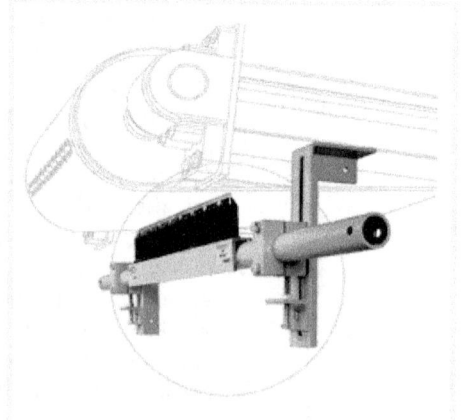

|5.36| Rascador rotativo de cepillo.

|5.37| Rascador en "V". Fuente: Flexco

Accesorios

Citaremos, entre otros:
- dispositivos de carga, que suelen consistir en una tolva que vierte el material encima de la banda y por ello es necesario disponer de un mayor número de rodillos de soporte en esta zona de carga (Fig. 5.38).
- dispositivos de descarga, que pueden ser laterales o longitudinales (Fig. 5.39)
- cubiertas (carenado)
- grupo inversor de banda
- guías de banda
- etc.

Ventajas e inconvenientes

Las ventajas principales de los transportadores de banda estriban en su excelente rendimiento energético, así como en su sencillez conceptual y constructiva, lo que permite una prolongada vida útil del equipo.

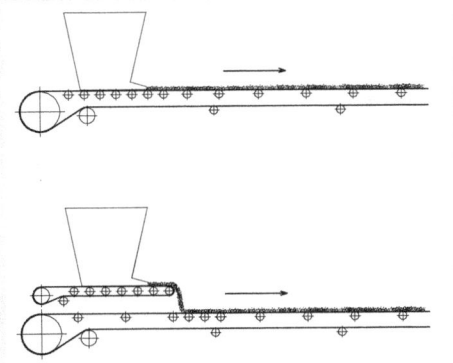

|5.38| Tolvas de carga

Los inconvenientes de estos equipos radican en los costes –relativos– de instalación, especialmente en equipos de potencias reducidas y distancias cortas y la necesidad de disponer de un elevado stock de recambios, especialmente de rodillos de soporte.

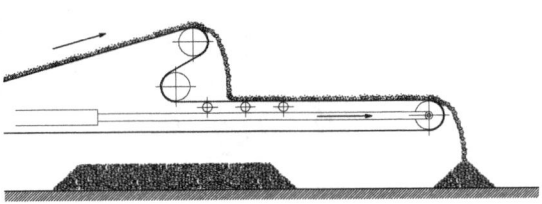
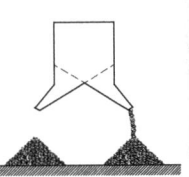

|5.39| Descarga de una cinta transportadora

5.7 Transporte por vibración *(vibrating transport)*

Consiste en un tubo, una bandeja o un canalón suspendido o apoyado en un bastidor fijo por medio de elementos elásticos. Un generador de oscilaciones armónicas produce unas vibraciones en el canalón que se comunican al material y éste se desplaza progresivamente. La diferencia fundamental respecto a los transportadores de cangilones o los de banda es que en éstos el cangilón o la banda se desplaza junto con el material, mientras que en los vibratorios, el equipo está prácticamente inmóvil y el material se mueve desde el punto de carga al de descarga dando pequeños saltos.

Los transportadores vibrantes pueden clasificarse en dos grandes grupos: los transportadores inerciales y los vibrantes propiamente dichos. En el primer caso, la carga se mueve gracias a que el canalón describe un movimiento de vaivén, levantándose ligeramente en el momento de anvance y bajando en el de retroceso; mediante un diseño adecuado, la aceleración vertical ascendente que comunica a la carga que se transporta en el momento de avance es menor que la aceleración de la gravedad, por lo que la carga se mantiene adherida al canalón y avanza con éste. Cuando el canalón efectúa el movimiento de retroceso, la aceleración vertical es mayor que la de la gravedad, por lo que el material desliza respecto del canalón y no retrocede. Los transportadores vibrantes propiamente dichos consisten en un generador de vibraciones unidireccionales que provocan unos microsaltos en la carga que se transporta, tal como se esquematiza en la figura 5.40.

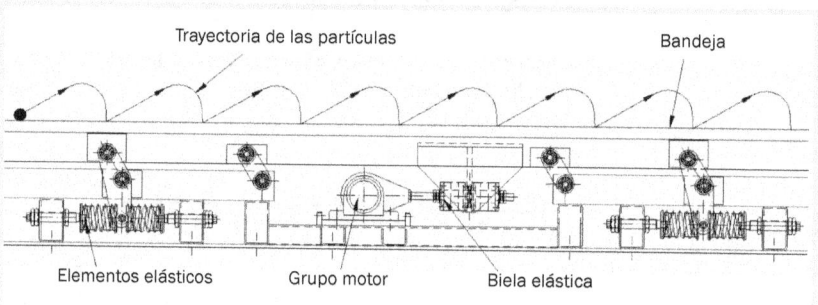

| 5.40 | Principio de funcionamiento de los transportadores vibrantes. Fuente: Urbar Ingenieros

| 5.41 | Transportador vibrante. Fuente: Carman Industries

Se trata, por lo general, de equipos de características y dimensiones definidas por los fabricantes (es decir, en general no son equipos diseñados *ex–professo*) y se emplean para el transporte de cargas incómodas, tóxicas, a altas temperaturas y/o agresivas químicamente tales como virutas con taladrina (emulsión de agua y aceite), escoria de incineradores, etc. (Fig. 5.41).

Las ventajas principales son:
- Construcción relativamente sencilla
- Los materiales transportados no entran en contacto con mecanismos ni lugares de engrase, lo que permite temperaturas de hasta 700ºC
- No requiere ramal de retorno y ocupa un espacio relativamente reducido
- Poco desgaste
- Autolimpiantes
- Fácil estanqueidad
- Pueden ejercer una acción simultánea de cribado o escurrido (Fig. 5.42)

Los inconvenientes principales son:
- Flujo reducido
  Permiten poca pendiente (el flujo disminuye del 3 al 5% por cada grado de inclinación)
- Consumo energético elevado
- Desgaste de los elementos elásticos y de los cojinetes de empuje

| 5.42 | Transportador vibrante para judías verdes. Fuente: Tarnos

Se tiende hacia sistemas vibratorios de acuerdo con el esquema de resonancia equilibrada formados por dos tubos en paralelo que vibran con desfase de 180º, con las ventajas consiguientes de equilibrio dinámico y menor energía involucrada.

La velocidad de transporte depende de la naturaleza de las cargas que se deben desplazar, de su densidad, del tamaño y la forma de las partículas, de la humedad, de las propiedades elásticas, del rozamiento interior y de la adhesión de las partículas. Por lo general, la velocidad normal de desplazamiento es de 0,1 a 0,3 m/s, y pendientes inferiores a 15º (27%), para cargas con buena transportabilidad. En el caso de polvo, el ángulo de elevación se limita a unos 6º.

Se trata de equipos adecuados para distancias cortas (del orden de 12 a 20 m), especialmente indicados para el vaciado de tolvas de alimentación,

5.8 Transportadores de tornillo *(screw conveyors)*

Llamados también de tornillo sinfín, de rosca o de tornillo de Arquímedes. Desplazan el material por un tubo o canalón por medio de un tornillo giratorio.

Se emplean para el desplazamiento de materiales pulverulentos de grano fino, cargas moderadamente pastosas, o para cargas a elevada temperatura y/o que emanen gases nocivos. Puede adoptar una disposición horizontal o ligeramente inclinada (la mayoría de tornillos), vertical (o casi vertical) y conductos transportadores. Asimismo, puede transportar material en terrones siempre que no sean muy grandes respecto al diámetro del tornillo.

En la figura 5.43 se muestran los diversos componentes de un transportador de tornillo, de los que los principales son el tornillo, *A* y la artesa, *E*.

La distancia horizontal de transporte puede ser de hasta 40 m, la vertical de hasta 30 m, si bien pueden alcanzarse desplazamientos superiores mediante el montaje de transportadores en serie (tándem).

Artesa. La artesa puede ser en U o en V (abierta o cerrada) o tubular. Acostumbra a fabricarse con acero laminado, o acero inoxidable u otro material para ejecuciones especiales.

Tornillo. El diámetro se elige en función de la capacidad de transporte deseada y del tamaño de los agregados de partícula a transportar, de forma que el diámetro del tornillo sea, al menos, 10 ó 12 veces mayor que aquellos. El paso del tornillo, *t*, varía según la aplicación del transportador y de su inclinación; en general se elige en función del diámetro del tornillo, *D*, de forma que: $t = (0,5 \div 1) \cdot D$. Para materiales fluidos se toma el valor $t=D$ (paso estándar), mientras que para materiales difíciles de transportar se eligen pasos progresivamente menores. En el caso de materiales que presentan movilidades bajas, puede ser aconsejable el empleo de tornillos de doble o triple hélice.

| 5.43 | Partes principales de un transportador de tornillo

| 5.45 | Tornillo transportador sin eje. Fuente: Martin Sprocket

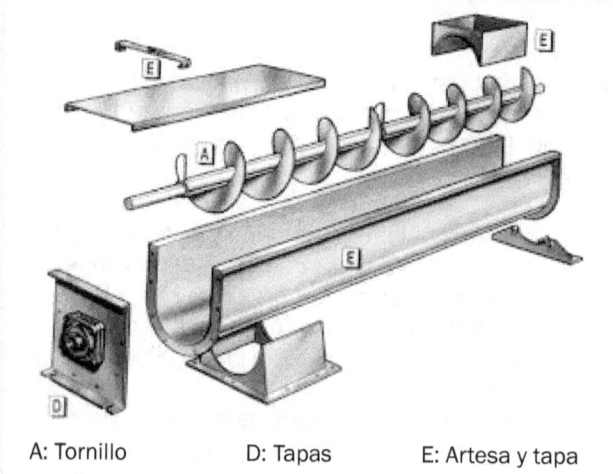

A: Tornillo   D: Tapas   E: Artesa y tapa

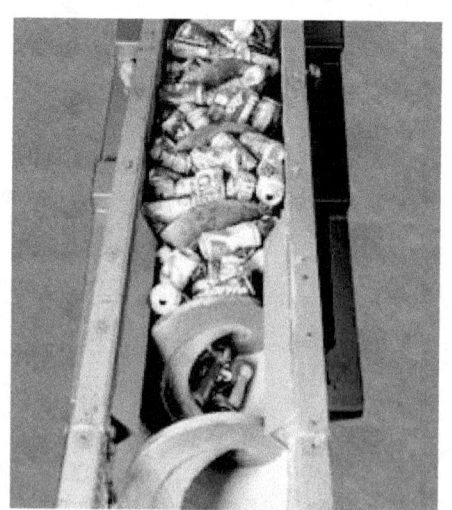

|5.44| Tornillo transportador provisto de eje
Fuente: Industrial Screw Conveyors

Los tornillos pueden ser con y sin eje (Figs. 5.44 y 5.45). Los tornillos sin eje, conocidos también con el nombre de *roscas* se emplean para el trasiego de materiales de baja densidad y de formas y tamaños irregulares tales como basura doméstica.

Los tornillos pueden adoptar distintas configuraciones (Fig. 5.46):
- Tornillos con paso estándar (a derechas o a izquierdas)
- Tornillos de paso corto, para inclinaciones superiores a 30° o materiales muy fluidos
- Tornillos de paso variable (paso corto en el extremo de alimentación, facilitan una extracción uniforme de materiales finos)
- Tornillos de paletas y de espiral truncada (mezclan y homogeneizan los materiales al mismo tiempo que transportan)
- Tornillos de doble espiral (proporcionan un flujo más uniforme)
- Espiral simple de cinta (adecuados para el transporte de materiales pegajosos)

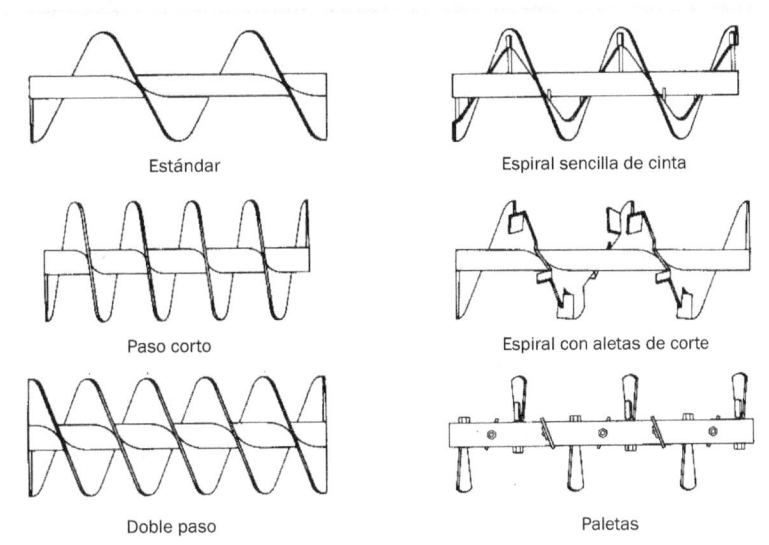

|5.46| Diferentes configuraciones de tornillos transportadores

Capacidad de transporte

El área de relleno del canalón es:

$$S = \lambda \cdot \frac{\pi \cdot D^2}{4} \qquad (5.39)$$

El coeficiente de llenado, λ, varía con el tipo de carga, cuyos valores se muestran en la tabla 5.11.

Tabla 5.11 | Valores de los coeficientes de llenado y de arrastre

Tipo de material	λ	c_0
Ligero no abrasivo	0,40	1,2
Ligero poco abrasivo	0,32	1,6
Pesado poco abrasivo	0,25	2,5
Pesado y abrasivo	0,125	4,0

La capacidad de los transportadores de tornillo es:

$$Q = \lambda \cdot \gamma \cdot \frac{\pi \cdot D^2}{4} \cdot t \cdot n \cdot c_i \cdot 60 \cong 47 \cdot \lambda \cdot \gamma \cdot D^2 \cdot t \cdot n \cdot c_i \qquad (5.40)$$

Siendo:

Q, capacidad de transporte, [t/h]
γ, peso específico, [t/m^3]
c_i, coeficiente de inclinación (de acuerdo con la tabla 5.12)
n, velocidad de giro, [rpm]

Tabla 5.12 | Valores del coeficiente de inclinación, c_i

Inclinación (°)	0	5	10	15	20
c_i	1	0,9	0,8	0,7	0,6

La velocidad de giro depende del diámetro del tornillo y acostumbra a ser del orden de 50 rpm para materiales pesados, a 150 rpm en el caso de materiales más fácilmente transportables.

La potencia necesaria en el eje se determina según la expresión siguiente:

$$N_T = \frac{(N_V + N_M) \cdot f_c}{\eta} \qquad (5.41)$$

Siendo:

N_T, potencia total, [kW]
N_V, potencia necesaria para mover el transportador en vacío, [kW]
N_M, potencia necesaria para desplazar el material, [kW]
f_c, factor de sobrecarga, varía entre 1 y 3, al disminuir la potencia motriz. Para potencias motrices superiores a 5 kW puede tomarse $f_c=1$.
η, rendimiento de la transmisión (de 0,85 a 0,95)

La potencia necesaria para mover el transportador en vacío es:

$$N_V = \frac{L \cdot 2\pi n \cdot f_d \cdot f_t}{60} \qquad (5.42)$$

Siendo:
 f_d, factor de diámetro
 f_t, factor de transportador (depende del diseño de las hélices, del tipo y del material de los cojinetes)

La potencia necesaria para desplazar el material es:

$$N_M = \frac{Q(c_0 \cdot L + H)}{3600} \cdot 9.81 \cong \frac{Q(c_0 \cdot L + H)}{360} \quad (5.43)$$

Siendo:
 c_0, coeficiente de arrastre, depende del material (ver tabla)
 L, desplazamiento horizontal, [m]
 H, altura, en el caso de un transportador inclinado (si el transporte es descendente, H tiene valor negativo), [m]

Ventajas e inconvenientes

Las ventajas principales de los transportadores de tornillo son:
— Construcción relativamente sencilla
— Bajo (relativo) mantenimiento
— Silencioso
— Ocupa poco espacio
— Carga y descarga en cualquier lugar del recorrido

Entre los inconvenientes cabe citar:
— No es adecuado para materiales pegajosos.
— Requieren grandes potencias (debido al rozamiento de los materiales con los elementos) y su rendimiento energético es bajo.
— Pueden producirse atascos.

5.9 Transporte neumático (pneumatic transport)

Consiste en una corriente continua de aire que impulsa o arrastra objetos por el interior de un sistema de tuberías.

Se trata de uno de los medios más eficaces para el transporte de productos granulares por su seguridad, higiene, precisión y confiabilidad. Se trata de un sistema adaptable a cualquier necesidad en cuanto a capacidad y longitud, asimismo simplifica notablemente el traslado de productos entre sectores de producción, pudiéndose alcanzar caudales de hasta 400 t/h, distancias hasta 2 km y desniveles hasta 100 m.

Suelen clasificarse en:
— Sistemas de impulsión por aire comprimido. Puede emplearse con presiones de hasta 600 kPa (Fig. 5.47).
— Sistemas de arrastre por succión o vacío, para cargas ligeras hasta 40 kPa (Fig. 5.48)
— Sistemas mixto, combinando los dos anteriores (Fig. 5.49)

almacenaje, manutención y transporte

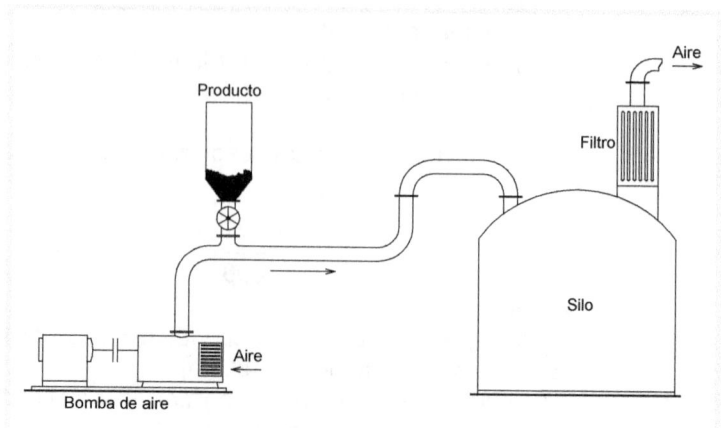

| 5.47 | Transporte neumático por impulsión

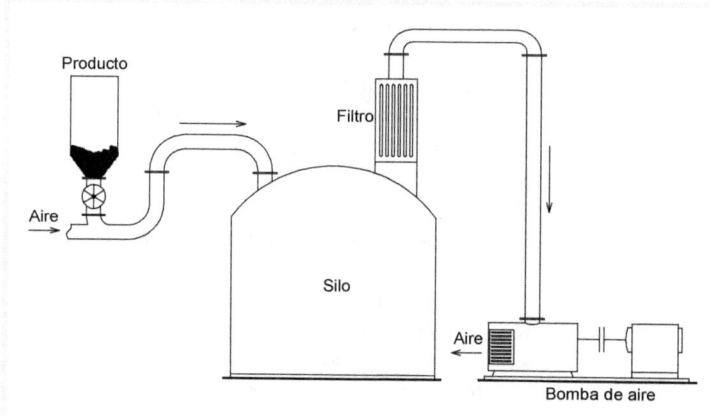

| 5.48 | Transporte neumático por aspiración

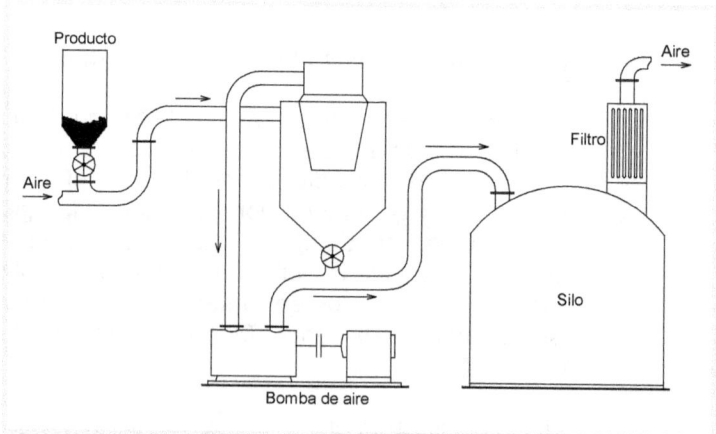

| 5.49 | Transporte neumático mixto

Asimismo, los transportadores neumáticos pueden utilizarse para el transporte de:
- cargas a granel
- transporte en cartuchos

El transporte neumático por impulsión es utilizado generalmente para transportar productos finos, granulados, abrasivos y no abrasivos, y de difícil manipulación tales como: cemento, arena, alúmina, cal, carbonatos, caolín, óxidos, negro de humo, harina, azúcar, leche en polvo, PVC, etc. Se caracteriza por utilizar una pequeña cantidad de aire para mover una gran cantidad de material sólido a granel, de forma pulsante, a través de una tubería de transporte. Se destaca por utilizar bajas velocidades durante el transporte de 0,25 m/s en el inicio y 3,0 m/s en el final, y presiones entre 50 y 500 kPa en el inicio y prácticamente 0 en al final.

Los principales componentes del sistema de transporte neumático en fase densa (alta presión) son el vaso de presión para recibir y enviar material, la tubería de transporte, los inyectores de aire instalados en el recorrido de la tubería de transporte, los filtros de mangas o cartuchos para limpieza del aire y un compresor de aire de alta presión.

El transporte en fase densa ofrece la gran ventaja de "empujar" eficientemente una concentración mayor de material sólido en velocidades relativamente bajas, a través de la línea de transporte. De esta forma, permite:
- Bajo consumo –relativo– de aire comprimido.
- Trasiego más delicado de los sólidos altamente abrasivos o frágiles que no toleran degradación o segregación.
- Reducción del desgaste de componentes y, por tanto, un ahorro de mantenimiento.
- Mejora de la eficiencia en términos de consumo de energía y mano de obra.
- Mayor fiabilidad debido a pocas partes móviles del sistema.
- Respetar ampliamente a las exigencias de los organismos ambientales, gracias a su hermeticidad.
- Transportar productos a largas distancias y con altas capacidades y/o con varios destinos.
- Facilidad de automatización.

Los inconvenientes principales son el elevado consumo energético (de 1 a 4 kWh/t, esto es, del orden de 10 veces el de un transportador mecánico) y el elevado desgaste de los elementos de los dispositivos neumáticos.

5.10 Nomenclatura

b, ancho de la banda, [m]
b', ancho real del material sobre la banda, [m]
b_f, ancho de fondo, [m]
C, coeficiente de longitud de banda
c_o, coeficiente de arrastre, depende del material
c_i, coeficiente de inclinación
D, diámetro del tornillo, [m]
f, coeficiente de rozamiento,
F, esfuerzo tractor, [N]
F, fuerza desarrollada en la polea motriz, [N]

f_c, factor de sobrecarga
f_d, factor de diámetro
f_t, factor de transportador
G, peso de la carga, [N]
H, altura, en el caso de un transportador, [m]
k, coeficiente de productividad
k_1, coeficiente para tener en cuenta las pérdidas de volumen útil del canalón
k_2, coeficiente de capacidad de carga al compactarse durante el transporte
k_3, coeficiente de retraso en el desplazamiento de la carga respecto a la velocidad de la cadena
k_c, coeficiente de carga
k_i, coeficiente de inclinación
k_{ta}, coeficiente de tiempo por año
k_{td}, coeficiente de tiempo por día
L, longitud del transportador, [m]
L, recorrido en el plano inclinado, [m]
N, potencia, [kW]
n, velocidad de giro, [rpm]
N_m, potencia motriz, [kW]
N_T, potencia total, [kW]
N_V, potencia necesaria para mover el transportador en vacío, [kW]
P_B, peso por unidad de longitud de la banda, [N/m]
P_I, peso por unidad de longitud de las partes móviles, ramal de retorno o inferior, [N/m]
P_Q, peso por unidad de longitud del material a transportar, [N/m]
P_S, peso por unidad de longitud de las partes móviles, ramal superior o activo, [N/m]
$\bar{Q}$, carga media, [t/h]
Q, carga transportada, [t/h]
Q_{max}, carga máxima (o número de cargas, en el caso de un transportador para cargas unitarias) que puntualmente pueda transportar, [t/h]
R_I, resistencia al movimiento en el ramal inferior, [N]
R_S, resistencia al movimiento en el ramal superior, [N]
S, área de relleno del canalón, [m²]
S_T, sección transversal, [m²]
t, paso (distancia) entre cangilones, [m]
t, paso del tornillo, [m]
$tg\alpha_r$, coeficiente de rozamiento inicial
t_{ua}, tiempo de utilización en horas por año
t_{ud}, tiempo de utilización en horas por día
v, velocidad, [m/s]
v_0, velocidad inicial, [m/s]
V, volumen, [dm³]
w, carga por unidad de longitud, [N/m]
W, carga unitaria transportada, [N]

α_m, ángulo de talud en movimiento, [°]
α_o, ángulo de talud, [°]
α_r, ángulo de rozamiento, [°]
α_i, ángulo de inclinación, [°]
β, ángulo de artesa, [°]
η, rendimiento
λ, coeficiente de llenado
φ, coeficiente de llenado según el tipo de cangilón y de material
γ, peso específico, [t/m³]

instalaciones de transporte de carga unitarias

Aunque una buena parte de las instalaciones para el transporte de cargas a granel pueden ser también empleadas —con ciertas modificaciones— para el transporte de cargas unitarias o aisladas, en el presente capítulo se estudiarán las instalaciones proyectadas de forma específica cuya manutención se realiza individualmente, o bien, en unidades de carga tales como bolsas, sacos, cajas (de cartón o plàstico), paletas, etc.

6.1 Transportadores de rodillos (roller conveyors)

Los transportadores de rodillos se usan para el transporte de cargas unitarias facilitando su movimiento en planos horizontales o moderadamente inclinados (Fig. 6.1). Los rodillos pueden ser libres o, por el contrario, motorizados.

El transporte debe realizarse con las cargas envasadas o en contenedores, con el fin de tener una superficie de contacto con los rodillos rígida. El paso entre rodillos debe ser inferior a la tercera parte de la longitud de la carga para que ésta esté soportada por, al menos, tres rodillos simultáneamente. En las curvas se instalan rodillos cónicos para mantener la orientación de la carga.

| 6.1 | Transportador de rodillos. Fuente: TGW

Transportador de rodillos libres (unpowered roller conveyors)

En la figura 6.2 se muestra un esquema de un plano de rodillos libres. El giro de los rodillos es provocado por el rozamiento de los mismos con el material transportado.

Cuando la carga avanza, acelera los rodillos hasta conseguir una velocidad constante que depende de las características de los rodillos (peso, diámetro, coeficientes de rozamiento), de la carga (peso, longitud, coeficiente de rodadura) y de la pendiente del tren de rodillos.

A medida que la carga va abandonando los rodillos, éstos van disminuyendo su velocidad hasta que se paran, o hasta que llega una nueva carga que, de nuevo, los acelera hasta alcanzar la velocidad de desplazamiento.

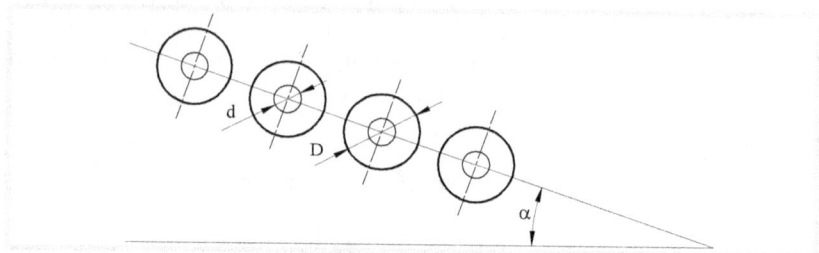

| 6.2 | Plano de rodillos

Si las cargas siguen una en pos de la otra con suficientemente proximidad, los rodillos no llegan a reducir su velocidad y giran a velocidad angular constante. El momento de la fuerza motriz es igual al momento de la fuerza resistente debida al rozamiento en los muñones de los rodillos y al movimiento de la carga.

$$Q \cdot \frac{D}{2} \cdot \operatorname{sen} \alpha = (Q + G \cdot i) \cdot f \cdot \frac{d}{2} + Q \cdot k_r \cdot \frac{D}{2} \qquad (6.1)$$

Siendo:
  G: peso de un rodillo, [N]
  Q, carga por unidad de longitud, [N]
  D, diámetro exterior del rodillo, [m]
  i, número de rodillos por unidad de longitud
  f, coeficiente de rozamiento de los cojinetes
  k, coeficiente de rodadura entre la superficie del rodillo y la carga, $k = k_r \cdot D/2$

Si las cargas estuvieran separadas de una respecto a la siguiente por una cierta distancia, en la ecuación debería aparecer un término que tuviera en cuenta la energía necesaria para acelerar los rodillos hasta la velocidad, $\omega = 2V/D$.

Dividiendo ambos miembros de la ecuación por $Q \cdot D/2$ y teniendo en cuenta que $\operatorname{sen}\alpha \approx \operatorname{tg}\alpha$ (puesto que, en general, se trata de ángulos muy pequeños):

$$\operatorname{tg}\alpha = \left(1 + \frac{G \cdot i}{Q}\right) \cdot f \cdot \frac{d}{D} + \frac{2k}{D} \qquad (6.2)$$

De donde se deduce que para disminuir el ángulo de inclinación conviene reducir el peso de los rodillos, G, y aumentar su diámetro, D. Asimismo se deduce que la pendiente para cargas pesadas puede ser menor que para cargas ligeras. En la práctica, las pendientes que se acostumbran a emplear son las que se indican en la tabla 6.1. En los tramos curvos de los transportadores, las pendientes deben aumentarse en un 0,5-1%.

Carga	Pendiente (%)
Sacos	10 a 12
Cajas de cartón	4 a 7
Cajas de madera o acero	3 a 4
Tablas de madera	1 a 2

| Tabla 6.1 | Pendientes recomendadas para transportadores de rodillos libres

Las velocidades dependen del ángulo de inclinación finalmente usado y de la calidad constructiva y, especialmente, del estado de mantenimiento del transportador. Las velocidades de diseño acostumbran a ser del orden de 0,4 a 2 m/s. En el caso de transportadores largos conviene intercalar algún rodillo de freno con el objeto de evitar una excesiva velocidad de la carga.

La capacidad de carga de estos transportadores puede ser muy variada, desde transportadores para cajas de cartón y cargas máximas de 20 N hasta transportadores para paletas de hasta 15000 N. Cuando las cargas son suficientemente pequeñas, puede emplearse un transportador con roldanas o discos en lugar de rodillos; de esta manera se reduce sustancialmente el peso de cada rodillo (ahora, barra de discos) G, lo que, además de la reducción de coste que pueda significar, permite pendientes menores y una estructura soporte más ligera (Fig. 6.3).

Los transportadores de roldanas deben asegurar que, en cualquier situación, la carga está soportada por un número suficiente de ruedas, de tal forma que sea imposible que quede trabada, tanto longitudinal como transversalmente, y que la carga por rodillo sea inferior a la carga máxima admisible.

Las dimensiones de los rodillos deben ser tales que la deformación máxima producida por el peso propio más la carga que soporta cada rodillo sea inferior a la máxima admisible teniendo en cuenta la vida útil prevista para el transportador. Según sea el sistema de fijación del rodillo (apoyado o empotrado y las dimensiones de la carga (asociada a una carga uniformemente repartida o puntual), se presentan varias situaciones que se esquematizan en la figura 6.4. Para la selección de los rodillos se acostumbran a emplear tablas o nomogramas facilitados por los propios fabricantes de rodillos.

Los transportadores de rodillos están formados por un bastidor, los rodillos propiamente dichos, los cojinetes y los ejes (Fig. 6.5). El bastidor debe asegurar la rigidez estructural y suele estar formado por largueros de acero convenientemente arriostrados. Los rodillos suelen ser tubos de acero y, en el caso de transportadores ligeros, de aluminio e, incluso, de materiales plásticos.

almacenaje, manutención y transporte

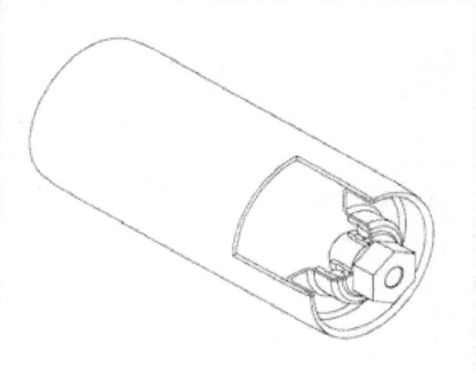

|6.3|
Transportador de discos.
Fuente: Hytrol

|6.5|
Detalle de un rodillo.
Fuente: Roxon

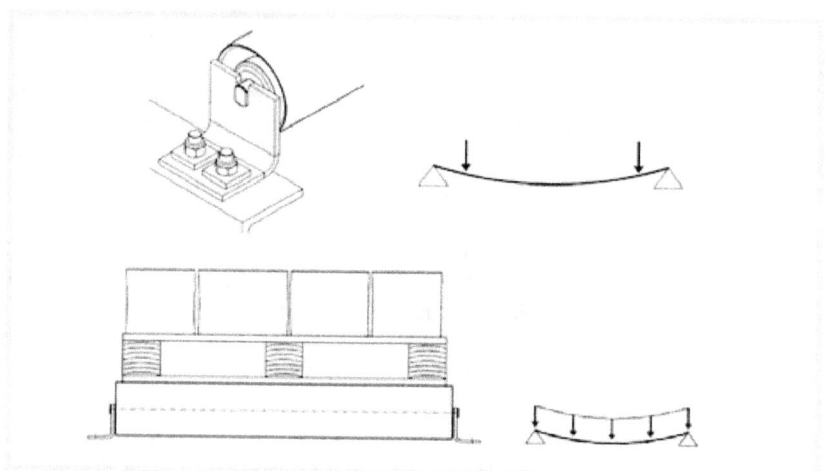

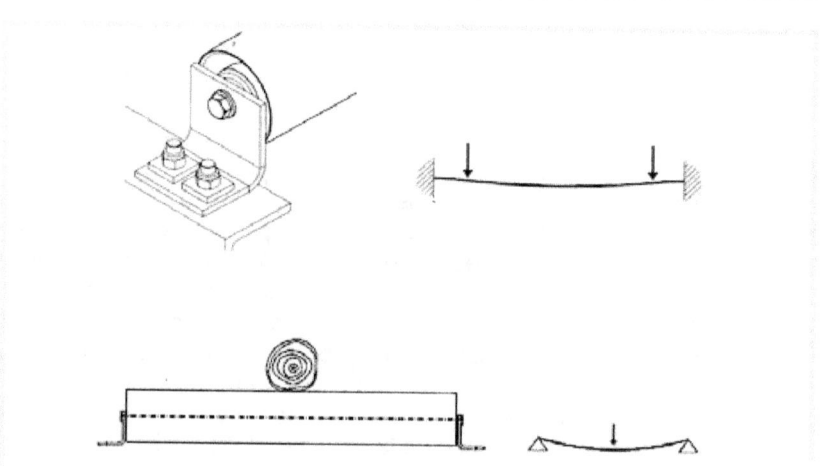

|6.4a|

|6.4b| Diferentes condiciones de fijación de los rodillos y de la carga transportada.
Fuente: Roxon

Respecto al plano horizontal, los rodillos pueden estar situados en una posición alta o baja, tal como se indica en la figura 6.6. En el primer caso, la ventaja es que permite el transporte de unidades de ancho superior a la longitud de los rodillos y, en el segundo, se facilita el guiado.

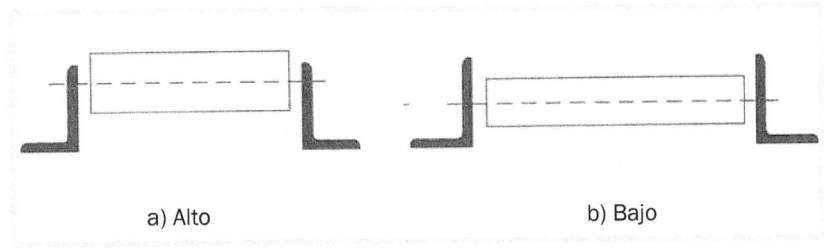

| 6.6 | Disposiciones de los rodillos

a) Alto   b) Bajo

Asimismo, los rodillos pueden ser simples o dobles con apoyo central (Fig. 6.7).

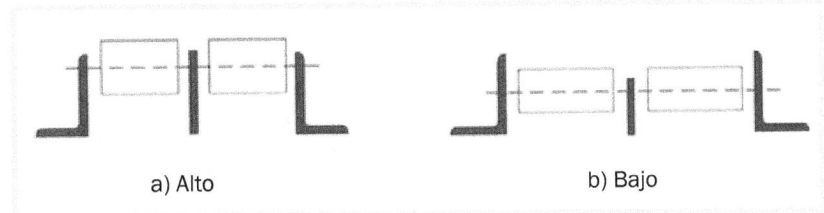

| 6.7 | Disposiciones de rodillos dobles con apoyo central

a) Alto   b) Bajo

Los planos de rodillos pueden adoptar muy variadas configuraciones gracias a la posibilidad de incorporar tramos curvos, derivaciones y desvíos.

Las curvas se presentan en ángulos de 30, 45, 90 y 180° y suelen estar formadas por un conjunto de rodillos troncocónicos, o bien, por rodillos dobles con efecto diferencial (Figs. 6.8, 6.9 y 6.10).

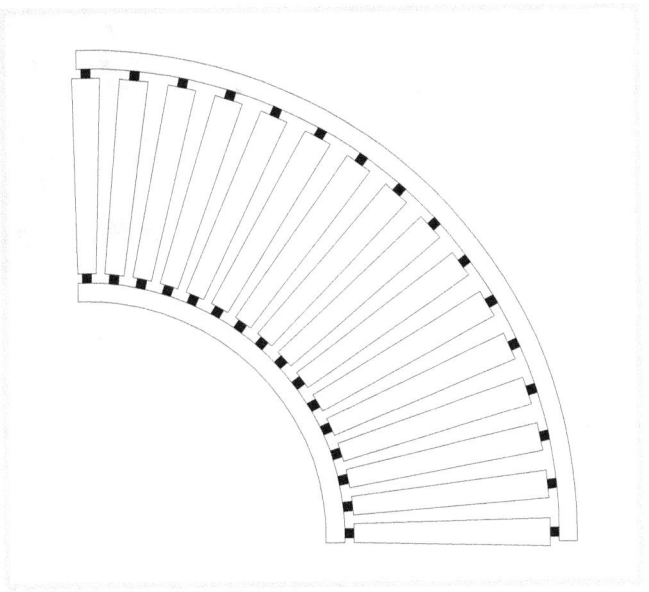

| 6.8 | Curva de rodillos troncocónicos

En ciertas aplicaciones puede ser conveniente una disposición helicoidal, o transportadores extensibles, tal como se muestra en las figuras 6.11 y 6.12.

almacenaje, manutención y transporte

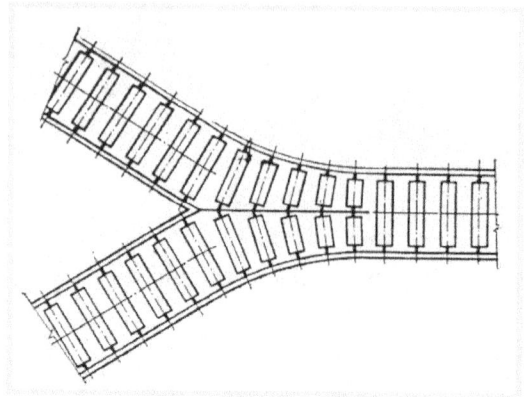
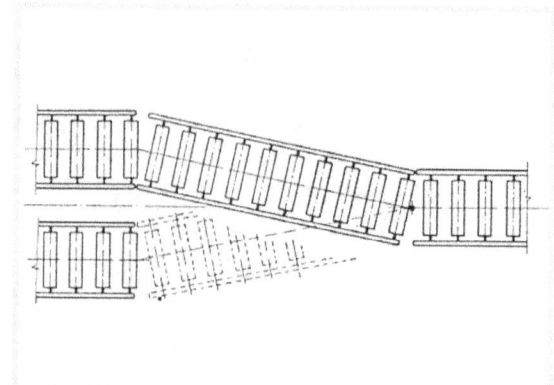
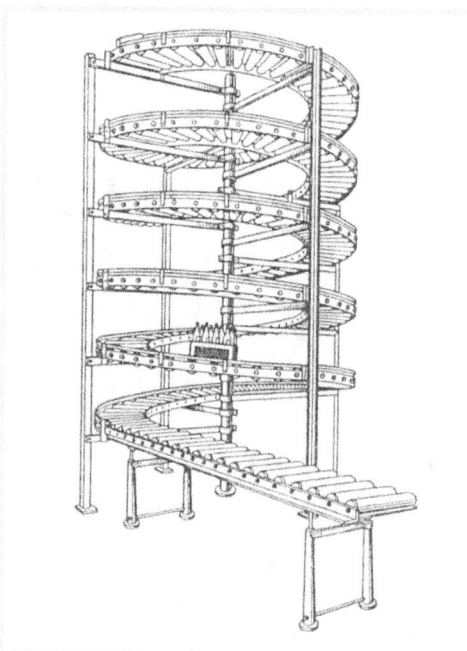
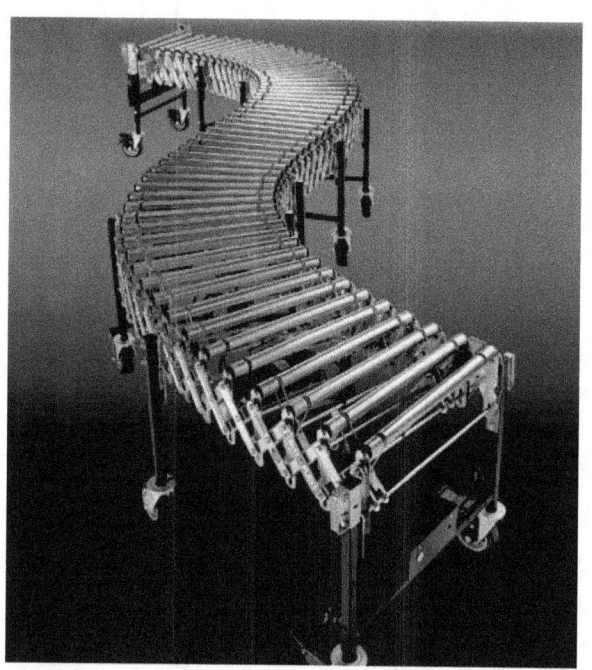

Transportadores de rodillos activos *(live roller conveyor)*

| 6.9 | Convergencia de rodillos

| 6.10 | Desvío

| 6.11 | Transportador helicoidal. Fuente: Kay, MHT

| 6.12 | Transportador extensible. Fuente: Bestconveyor

También conocidos con el nombre de *transportadores de rodillos motorizados*. La ventaja principal es que permiten un transporte totalmente controlado horizontal o inclinado ascendente (hasta 10 a 12°) e inclinado descendente (hasta -15°). Acostumbran a ser accionados por correa, por cinta o por cadena (Fig. 6.13).

Las velocidades de desplazamiento suelen oscilar entre 0,2 y 2 m/s. Los rodillos transportadores son semejantes a los no motorizados descritos anteriormente y, en instalaciones para objetos voluminosos o largos, pueden intercalarse rodillos libres y rodillos motorizados. Asimismo, suelen intercalarse tramos con rodillos motorizados y tramos descendentes con rodillos libres permitiendo, de esta manera, el establecimiento de recorridos complejos adaptado a cada circunstancia particular, tal como se esquematiza en la figura 6.14.

| 6.13 | Transportador de rodillos activos. Fuente: Madeltech

La potencia necesaria, para transporte horizontal, se determina mediante la expresión siguiente:

$$N_t = \frac{N_n}{\eta} = \frac{v \cdot f \cdot (P+Q)}{1000 \cdot \eta} \qquad (6.3)$$

Siendo:
N_t, potencia total, [kW]
N_u, potencia útil, [kW]
v, velocidad del transportador, [m/s]
f, coeficiente de rozamiento (ver Tabla 6.2)
P, peso de la carga, [N]
Q, peso del conjunto de rodillos y cadena, [N]

Tipo de transportador	Peso de la carga (kg)	Coef. de rozamiento, f
Impulsado por correa	< 34	0,06
	> 34	0,1
Impulsado por cadena	Ilimitado	0,05

| Tabla 6.2 | Coeficiente de rozamiento para transportadores de rodillos activos

En el caso de transporte inclinado, la ecuación se transforma en:

$$N_t = \frac{N_n}{\eta} = \frac{v\left[f \cdot (P+Q) + P \sin \alpha\right]}{1000 \cdot \eta} \qquad (6.4)$$

siendo, α, el ángulo de inclinación.

Los transportadores de rodillos representan, en general, una instalación sencilla, silenciosa, segura y fácil de automatizar, apta para el transporte de todo tipo de cargas, desde cajas de cartón a paletas o cargas singulares.

almacenaje, manutención y transporte

Acostumbran a ser de montaje modular, fácil y adaptable y existe en el mercado un amplísimo rango de dimensiones (anchura, diámetro y capacidad de carga de los rodillos).

El principal inconveniente deriva del elevado número de elementos móviles, lo que exige control y mantenimiento.

6.2 Bandas transportadoras

Se trata de transportadores continuos en los que la banda puede ser elastomérica, de forma análoga a las bandas para transporte de materias a granel, o bien estar formada por placas rígidas articuladas entre sí. Estas últimas se acostumbran a clasificar en:
- Transportadores de tablillas
- Transportadores de bandejas

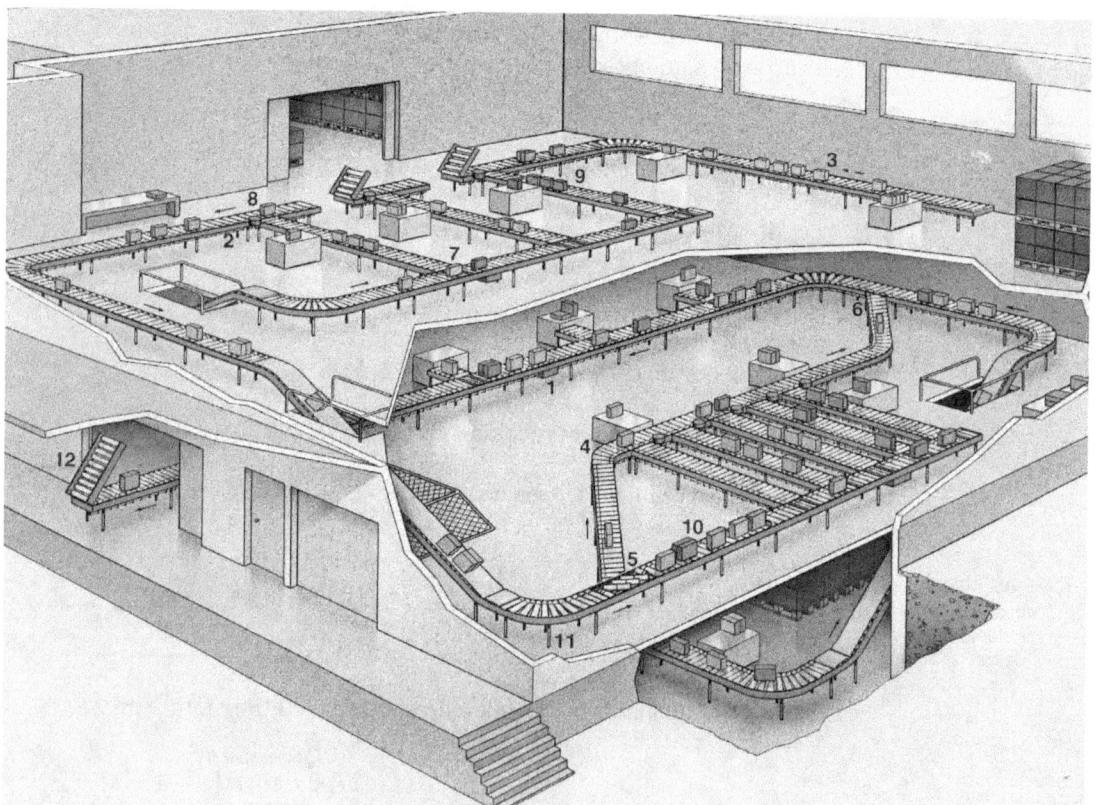

| 6.14 | Combinación de transportadores de rodillos. Fuente: Thyssen

Transportadores de banda para cargas unitarias

Consisten en un transportador de banda, tal como se han descrito en el capítulo anterior, con la salvedad de que debe ser plana y que la separación entre rodillos de soporte debe ser inferior al caso de transporte de cargas a granel y, en el caso de cargas unitarias pesadas, la separación debe ser inferior a la mitad de la longitud del objeto transportado (Fig. 6.15).

| 6.15 | Banda transportadora para cargas unitarias. Fuente: Siemens

En el caso de cargas unitarias muy pesadas, por ejemplo paletas cargadas, se emplean los transportadores de cadena. En este caso, dos cadenas paralelas movidas mediante un conjunto de piñones dentados soportan y arrastran a su vez una paleta, tal como se muestra en la figura 6.16.

Transportador de tablillas *(slat conveyors)*

Consisten en una cadena articulada (o dos cadenas que se mueven paralelamente) sobre la que se ha montado unas tablillas de madera, plástico o metálicas, que constituyen la plataforma móvil. Se emplean para el transporte de bultos y en puntos de carga o descarga. Progresivamente, van siendo sustituidos por los de bandejas (Fig. 6.17).

Transportadores de bandejas *(apron conveyors)*

Análogos al anterior, las tablillas de madera son reemplazadas por bandejas metálicas o plásticas con forma adaptada al material que se debe transportar. Permiten trabajo en horizontal o en pendiente, así como la disponibilidad de trazados rectos o en curvas adaptadas al

| 6.16 | Transportador de cadena

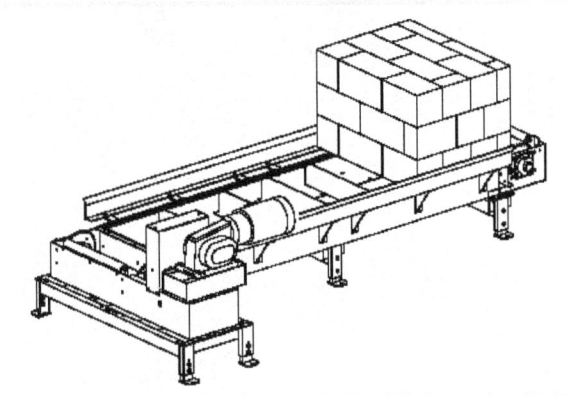

recorrido. Las principales ventajas de este tipo de transportador son su elevada resistencia, su robustez, la posibilidad de transportar productos calientes o muy pesados. Como inconvenientes cabe citar el elevado peso, la baja velocidad máxima posible (inferior a 1 m/s), el ruido, el elevado coste de instalación, así como el consumo energético. Tiene sus principales aplicaciones tanto en el transporte de materiales a granel (por ejemplo en la minería), como en la fabricación en serie, en el sector de la alimentación, o en el transporte de bultos en las terminales de aeropuertos (Figs. 6.18 y 6.19).

| 6.17 | Transportador de tablillas.
Fuente: Omni Metalcraft

| 6.18 | Transportador de bandejas

| 6.19 | Transportador de equipajes para aeropuertos.
Fuente: FKI Logistex

6.3 Transportadores aéreos de cadena
(overhead conveyors; trolley conveyors)

Se emplean para el transporte continuo de una sucesión de cargas suspendidas a lo largo de un trayecto que puede ser recto o curvilíneo, tanto en el plano horizontal como en el vertical. El camino de rodadura acostumbra a ser una viga continua en I, en H o bien tubular abierta.

Los transportadores de cadena pueden ser monocarriles o bicarriles. En el primer caso, los carros transportadores son solidarios con la cadena de arrastre. En el caso de los transportadores bicarriles, la cadena circula por un carril mientras los carros portantes se desplazan por otro, dispuesto justo debajo del primero (Fig. 6.20). Una variante de los transportadores aéreos consiste en los transportadores autónomos (ver más adelante).

| 6.20 | Esquemas de un transportador aéreo monocarril y de un bicarril. Fuente: Kay; MHT

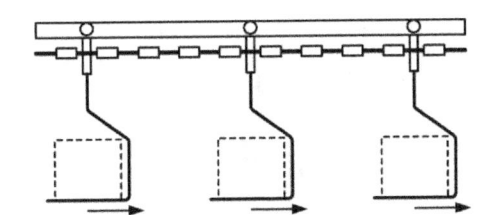 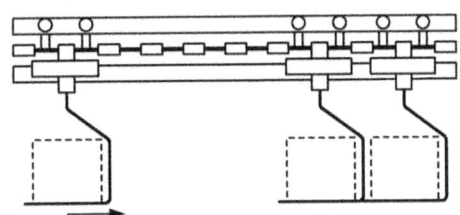

Transportadores monocarriles

El camino de rodadura por el que se mueven un conjunto de carros portacadenas acostumbra a ser una viga en I u otro perfil laminado, configurando un tubo abierto por la parte inferior. El camino de rodadura acostumbra a colgar del techo de la nave o se suspende mediante pórticos y postes. El camino puede comportar tramos curvilíneos tanto en el plano horizontal como en el vertical (Fig. 6.21). Las pendientes de las rampas acostumbran a ser de 30°. Las velocidades de desplazamiento son muy variables y pueden oscilar entre 0,1 y 45 m/min, puesto que se adaptan a los tiempos de operación, de carga o de descarga según sea el caso.

Los elementos constituyentes del camino están normalizados por cada fabricante, de manera que es posible el diseño de cualquier trazado a partir de elementos modulares: tramos rectos, tramos curvos horizontales, tramos curvos verticales, etc.

Los carros están formados por una horquilla de dos elementos (brazos) de la que cuelga el carro portaobjetos propiamente dicho, tal como puede verse en la figura 6.22.

La cadena tiene la función de arrastrar los carros. Los esfuerzos en cadena varían considerablemente (de 2500 a 60000 N, e incluso más) según la aplicación, el recorrido, el número de carros y la carga de cada uno. Suele ser del tipo de eslabones de acero forjado alternativamente verticales y horizontales, unidos por una rótula (Fig. 6.23). El paso de la cadena varía de 3 a 6 pulgadas (76 a 152 mm) y su resistencia a rotura puede alcanzar los 600 kN. No obstante, para transporte de cargas

almacenaje, manutención y transporte

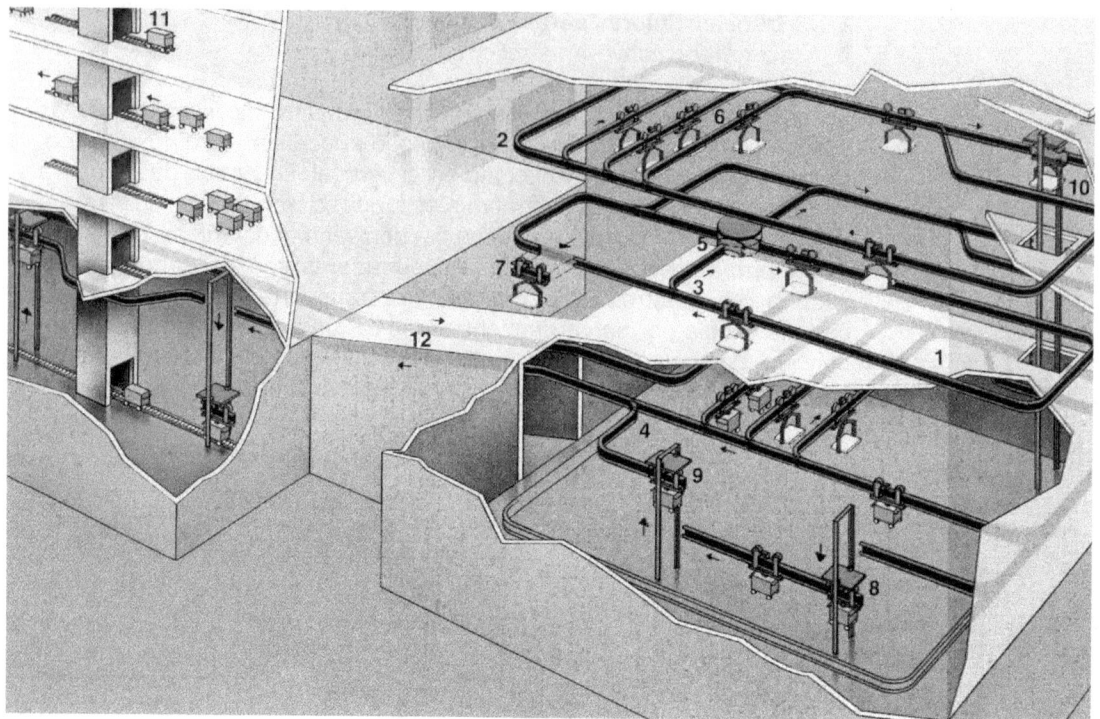

| 6.21 | Instalación de un transportador aéreo monocarril. Fuente: Thyssen

ligeras se acostumbra a sustituir la cadena por una cinta de goma con un cable de acero en su interior, lo que permite un transporte más silencioso y mayor suavidad de marcha.

| 6.22 | Transportador monocarril. Fuente: J. Webb

| 6.23 | Cadena para transportador aéreo. Fuente: J. Webb

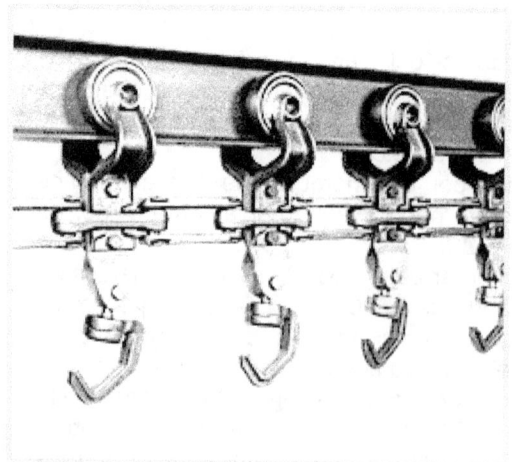
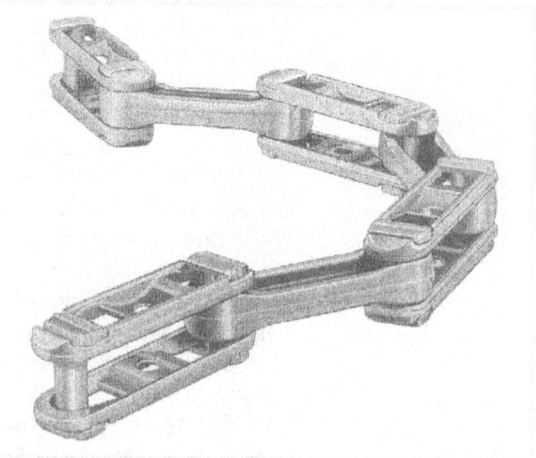

El cálculo de la cadena debe efectuarse para las condiciones más desfavorables, habida cuenta del recorrido y de las zonas de carga y descarga.

En el caso de un recorrido horizontal, la carga que soporta un carro, P_t, es:

$$P_t = Q + q + w_c \cdot t_c \qquad (6.5)$$

Siendo:
Q, carga máxima por carro, [N]
q, peso propio del carro, [N]
w_c, peso por unidad de longitud de la cadena, [N/m]
t_c, paso de la cadena

Si el transportador presenta curvas verticales, aparecen unas fuerzas debidas a la curvatura que se deben restar o sumar a la anterior según sea la curvatura cóncava o convexa, y cuyo valor es:

$$P_C = \frac{S_C \cdot t_c}{R_C} \qquad (6.6)$$

Siendo:
P_c, esfuerzo adicional debido a la curva, [N]
S_c, tensión de la cadena en la zona curva, [N]
R_c, radio de curvatura, [m]

El esfuerzo máximo aparece en el arco de salida de la curva vertical y vale:

$$P_{max} = P_t + \frac{S_C \cdot t_c}{R_C} \qquad (6.7)$$

| 6.24 | Grupo motor directo. Fuente: Anchor Ind.

| 6.25 | Grupo motor de arrastre u oruga. Fuente: Rapid Industries

Este valor es el que se emplea para determinar la resistencia y la rigidez los ejes, ruedas y brazos de carro. La tracción se efectúa mediante un grupo motor que acciona la cadena a través de un piñón dispuesto, por lo general en una zona curva, o por ataque tangencial mediante otra cadena (sistema de oruga o *caterpillar*, figs 6.24 y 6.25).

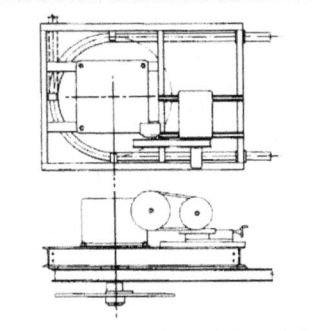

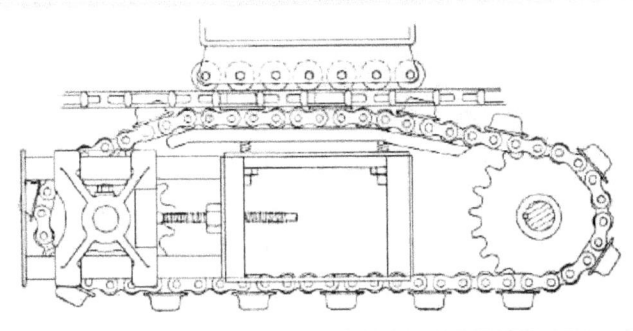

El motor debe disponer de un dispositivo de arranque progresivo, especialmente en el caso de recorridos largos y complejos. En algunos casos, si la cadena es muy larga, pueden colocarse varios grupos motores.

El grupo tensor tiene la misión de compensar los alargamientos de la cadena como consecuencia de las variaciones de temperatura y por el uso. Está formado por un piñón dispuesto en una base deslizante y un sistema de tensión o de contrapeso (Fig. 6.26).

Además de los elementos básicos citados, los transportadores aéreos incluyen una serie de accesorios tales como curvas (Fig. 6.27), dispositivos automáticos de lubricación, topes de parada, dispositivos antirretorno (imprescindibles en el caso de pendientes), conmutadores de carril, pasos de una cadena a otra, etc.

| 6.26 | Grupo tensor. Fuente: Richard Wilcox

| 6.27 | Curva horizontal. Fuente: Rapid Industries

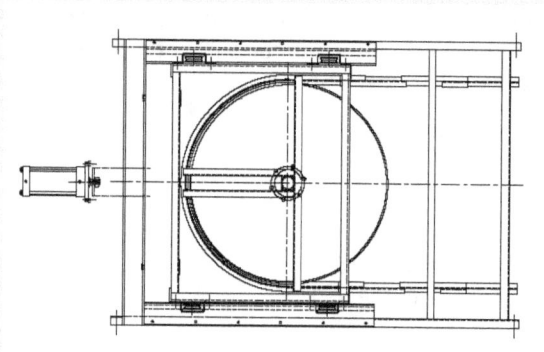
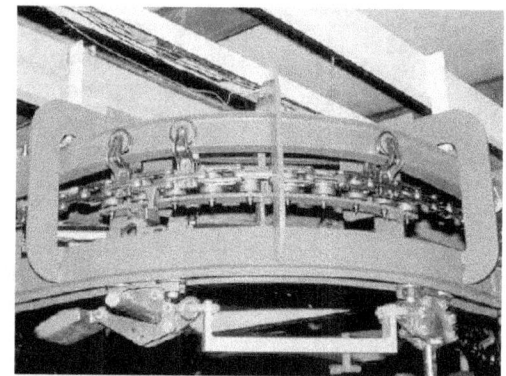

6.4 Transportadores de doble vía o bicarriles
(power & free conveyors)

| 6.28 | Transportador aéreo bi-carril. Fuente: Fredenhagen

Los transportadores bicarriles permiten que la carga abandone su carril para facilitar el intercambio de carriles o el almacenamiento. Tal como ya se ha dicho, en estos equipos la cadena circula por un carril mientras el carro circula por un carril independiente (Fig. 6.28).

El enlace entre el carro tractor y el carro portacarga se realiza mediante una uña de arrastre que actúa sobre los topes de retención del carro de carga. Cuando éstos se abaten, el carro tractor avanza sin arrastrar el carro de carga, que permanece parado hasta que se levantan los topes de retención.

La independencia del movimiento del carro del de la cadena proporciona una mayor flexibilidad al proceso, al permitir que las diferentes actividades de carga, descarga y las operaciones sobre los materiales transportados, etc. no requieran una perfecta sincronía.

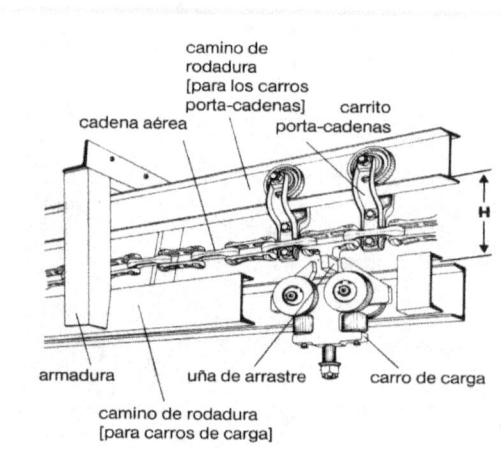

6.5 Transportadores aéreos autónomos *(overhead electric monorail)*

Conocidos también con el nombre de *aerovías*, consisten en unos carros que se mueven de forma autónoma gracias a un motor eléctrico que facilita la traslación y a un sistema de alimentación eléctrica basada en raíles conductores, tal como puede verse en la figura 6.29.

Las principales ventajas de este tipo de transportadores son su versatilidad (actúa como un transportador bicarril en una instalación monocarril), que son más silenciosos, permiten distintas velocidades de traslación y tienen posibilidad de combinarlos con otras instalaciones de transporte aéreo. El inconveniente es el coste.

6.6 Transportadores de cadena invertida *(inverted chain conveyors)*

Como su nombre indica, se trata de transportadores aéreos en los que los carros están invertidos, de forma que no cuelgan de la guía de la cadena, sino que se mueven por encima de ésta (Fig. 6.30).

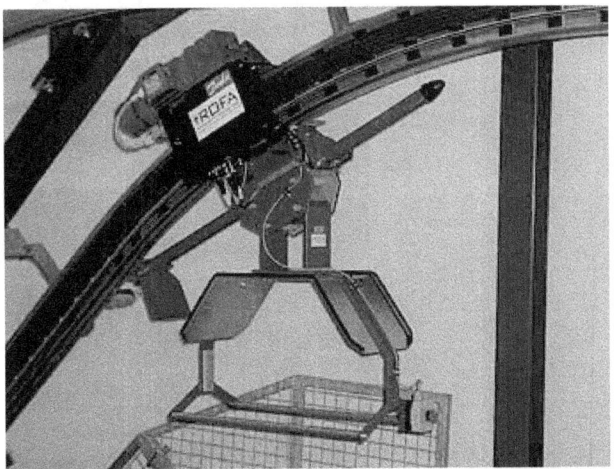

|6.29| Transportador aéreo autónomo. Fuente: Rofa

|6.30| Transportador de cadena invertida. Fuente: Daifuku

6.7 Transportadores de arrastre *(tow conveyors)*

Se trata de una consecuencia lógica de los anteriores. Consiste en una cadena transportadora que se desplaza por un perfil guía enterrado en el pavimento de la nave. Unos carros provistos de sendos dispositivos de anclaje son fijados a la cadena y arrastrados por la misma, tal como se muestra en la figura 6.31.

|6.31| Transportador de arrastre. Fuente: FMC Tecnologies

6.8 Nomenclatura

D, diámetro exterior, [m]
f, coeficiente de rozamiento
G, peso de un rodillo, [N]
i, número de rodillos por unidad de longitud
k, coeficiente de rodadura entre la superficie del rodillo y la carga, $k=k_r \cdot D/2$
N_t, potencia total, [kW]
N_u, potencia útil, [kW]
P, peso de la carga, [N]
P_c, esfuerzo adicional debido a la curva, [N]
Q, carga máxima por carro, [N]
Q, carga por unidad de longitud, [N]
Q, peso del conjunto de rodillos y cadena, [N]
q, peso propio del carro, [N]
R_c, radio de curvatura, [m]
S_c, tensión de la cadena en la zona curva, [N]
t_c, paso de cadena
v, velocidad del transportador, [m/s]
w_c, peso por unidad de longitud de la cadena, [N/m]

transporte por cable

Bajo el epígrafe de transporte por cable se engloban tanto los medios de transporte en los que un cable actúa simultáneamente como el elemento sustentante y el elemento de arrastre de un vehículo en el que se alojan los pasajeros o las mercancías, tales como los teleféricos y los telecabinas, los medios en los que el cable tiene únicamente una función de arrastre, como es el caso de los funiculares (el vehículo es soportado por la vía) o los telesquíes. No se incluyen los equipos de transporte vertical (grúas y ascensores), que se estudian en el capítulo siguiente.

Las aplicaciones del transporte por cable suelen ser para capacidades bajas y medianas, en recorridos de enlace difícil mediante otro sistema terrestre, tales como estaciones de montaña.

7.1 Cables

Un cable es un conjunto de alambres que forman un cuerpo único como elemento de trabajo. Estos alambres pueden estar enrollados helicoidalmente en una o más capas, generalmente alrededor de un alambre central, formando los cables espirales o cordones, los cuales, enrollados a su vez helicoidalmente alrededor de un núcleo o alma, forman los cables de cordones múltiples (Fig. 7.1).

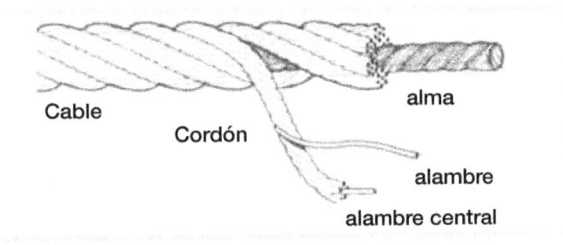

| 7.1 | Configuración de un cable

El alma constituye el núcleo central del cable, alrededor del cual son torcidos los cordones para formar el cable. Su finalidad es servir de soporte a los cordones y lubricar el cable. El alma puede ser de diversos materiales, siendo los más comunes: acero, fibras vegetales o sintéticas. Según el uso que se le va a dar al cable, se elige el tipo de alma. A igualdad de diámetro, el cable con alma de cable de acero independiente tiene una resistencia a la tracción de aproximadamente un 10% mayor que los cables con alma de fibras.

Cordón: es el conjunto de alambres colocados en una o más capas y enrollados helicoidalmente sobre un alambre central o alma. A igual diámetro, cuanto mayor es el número de cordones, el cable es más flexible pero menos resistente a la compresión y a la abrasión.

Alambres: son los hilos de acero que torcidos helicoidalmente constituyen el cordón. Es el componente básico del cable. A igualdad de diámetro, cuanto mayor es el número de alambres más flexible es el cable, pero menos resistente a la abrasión.

Construcción del cable

La *construcción* del cable corresponde a la forma de combinar en él los distintos alambres.

Las principales construcciones de cables son:

Seale. Los cordones están constituidos por dos capas del mismo número de alambres, que rodean un núcleo formado por un alambre más grueso o un cordón de varios alambres. En consecuencia, los alambres de la capa exterior tienen mayor diámetro que los de la capa inferior (Fig. 7.2a).

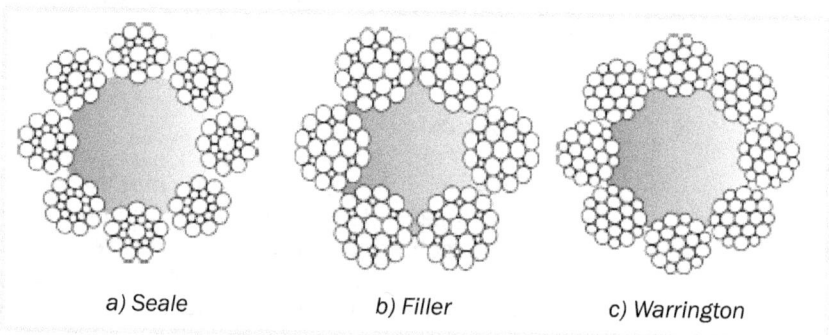

a) Seale   b) Filler   c) Warrington

| 7.2 | Diferentes construcciones de cable

Filler. Los cordones de estos cables se caracterizan por tener unos alambres finos colocados para rellenar los huecos existentes en las dos últimas capas de alambres (Fig. 7.2b).

Warrington. La capa exterior de cordones tiene doble número de alambres que la interior, y sus diámetros son alternadamente mayores y menores para encajar perfectamente en los entrantes y salientes de la capa anterior. Son cables muy flexibles en relación con el diámetro de los alambres (Fig. 7.2c).

Identificación de los cables

Los cables se identifican por medio de números, y el tipo de construcción, donde el primer número señala la cantidad de cordones y el segundo número la cantidad de alambres por cordón.

Paso: tanto el torcido regular como el *lang* pueden tener paso derecho o izquierdo. Un cable es de *torsión derecha* cuando sus cordones están cableados según una hélice que avanza en el sentido de las agujas del reloj. Es de *torsión izquierda* cuando la hélice avanza en sentido contrario (Fig. 7.3).

Torsión de los cables. Es el término usado para describir la torsión de los cordones y alambres en un cable. Los cables generalmente se fabrican en torcidos *regular* (cruzado) y *lang*.
- *Regular* (cruzado): es aquel en que los cordones están arrollados en sentido contrario al de los alambres que lo forman.
- *Lang*: los alambres en el cordón y los cordones en el cable están arrollados en el mismo sentido.

| 7.3 | Arrollamiento de los cables

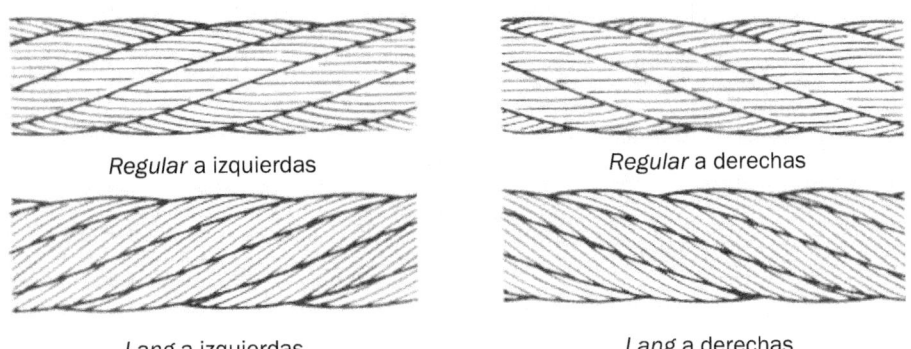

Regular a izquierdas   *Regular* a derechas

Lang a izquierdas   *Lang* a derechas

El arrollamiento *cruzado* es el más utilizado debido principalmente a su fácil manipulación y por ser más resistente al aplastamiento y deformaciones. El arrollamiento *lang* solamente se emplea en casos muy específicos en que se requiera una gran resistencia al desgaste por rozamiento, aunque hoy en día existen cables especiales diseñados para cumplir esta característica y no presentan los inconvenientes de manipulación del cable *lang*.

Material: los cables se fabrican con aceros de muy variada resistencia, generalmente comprendida entre 1,4 y 2 GPa (140 y 200 kg/mm^2).

Las principales características resistentes de los cables de acero son: *resistencia a la tracción* (tanto estática –peso de la carga, peso del cable–, como dinámica –aceleraciones y deceleraciones–; *resistencia a la flexión* (capacidad que tiene el cable de soportar bajo carga, sucesivas flexiones); *resistencia a la abrasión*: pérdida de metal que sufre el cable en la superficie de los alambres exteriores (generalmente el cable resistente a la abrasión suele ser poco flexible y viceversa); *resistencia a la corrosión; aplastamiento* (capacidad del cable para soportar tensiones de compresión); *distorsión* (capacidad del cable para no desenrollarse); *alargamiento y elasticidad* (el límite de elasticidad del acero es, aproximadamente, 2/3 de su resistencia de rotura, cualquier esfuerzo más allá de este límite provocará la deformación permanente del cable).

Factor de seguridad (FS): es el cociente entre la resistencia a la ruptura del cable y la carga de trabajo segura o recomendable. El factor de seguridad debe ser tanto mayor cuanto mayor sea el riesgo (para las personas y para los bienes) de que su fallo pudiera involucrar. El *FS* mínimo recomendable es 5; no obstante, cuando se manejan cargas que requieren máximo cuidado, como en el caso de los ascensores, el *FS* debe aumentarse a 8 y aun hasta 12. El *FS* debe incrementarse en función de la velocidad de operación, del tipo de de fijaciones, del ambiente de trabajo, de las facilidades para inspecciones, etc. En la tabla 7.1 se indican algunos factores de seguridad típicos para las principales aplicaciones de cables.

Aplicación	Cable	Coeficiente de seguridad
Vientos y riostras		3 – 4
Puentes colgantes	Portadores	4
	Suspensión	5
Blondines	Carril	3,5 – 5
	Tractor	4 – 5
	Elevación	6 – 8
Teleféricos	Monocables	5 – 8
	Carril	3,5 – 5
	Tractor	4 – 6
Tornos y cabrestantes		4 – 6
Grúas		6 – 10
Ferrocarriles funiculares		9 – 10
Planos inclinados		7 – 10
Pozos de extracción		8 – 12
Profundización de pozos		11 – 13
Montacargas		8 – 10
Ascensores		10 – 16

| Tabla 7.1 | Factores de seguridad en cables

7.2 Clasificaciones

Las instalaciones de transporte por cable pueden clasificarse atendiendo a diversos criterios. Según el soporte de su movimiento:
   a) *Terrestres*: funiculares y otras instalaciones con vías o pistas situadas en el suelo, en los que la tracción se efectúa por cable.
   b) *Aéreos*: teleféricos, es decir, instalaciones de transporte o sistemas con vehículos suspendidos de uno o más cables.

Según el sistema de movimiento:
   a) *De vaivén*: cuando los vehículos están animados por un movimiento de ida y vuelta entre las estaciones.

b) Unidireccionales: si los vehículos se mueven siempre en el mismo sentido. Pueden ser: de movimiento continuo si se mueven a velocidad constante, y pulsantes cuando los cables se mueven de forma intermitente o a una velocidad que varía periódicamente según la posición de los vehículos.

Según el número de cables involucrados:
a) Monocables: dotados de un sólo cable portador–tractor que sirve como guía o carril y de elemento tractor. Se incluyen en este grupo los sistemas multicable que, al moverse de forma conjunta, ejercen de hecho la función de uno solo.
b) Bicables: dotados de uno o varios cables–carril que sirve de soporte guía y de uno o varios cables tractores.

7.3 Aspectos generales

Trazado

El emplazamiento para una instalación de transporte de viajeros por cable deberá ser elegido de forma que se eviten riesgos naturales tales como avalanchas, desprendimientos, corrimientos, etc., y en lo posible deben evitarse las zonas ventosas.

El trazado en planta, en principio, debe ser rectilíneo. No obstante, se admiten desviaciones pero los soportes deben estar proyectados para asegurar su total estabilidad en la hipótesis de carga más desfavorable, tanto con la instalación en funcionamiento como fuera de servicio.

| Tabla 7.2 | Distancias máximas y mínimas al suelo

Máximas				Altura máx. (m)
Movimiento unidireccional	Vehículos abiertos y evacuación		Por escaleras	6
			Por descensores	15
	Vehículos cerrados	Cabinas con laterales superiores practicables; evacuación	Por escaleras	6
			Por descensores	25
		Cabinas con laterales superiores no practicables		60
Movimiento de vaivén	Sin cabina de evacuación			200
	Con cabina de evacuación			Ilimitada
Mínimas				Altura mín. (m)
Terreno no practicable o cerrado				2
Terreno practicable				3
Caminos o carreteras				5

En el caso de instalaciones con vehículos abiertos, la longitud máxima será tal que la duración del recorrido sea inferior a 15 minutos a la velocidad de explotación.

En las instalaciones de movimiento continuo, la inclinación del cable entre dos apoyos consecutivos no podrá superar el 100%, salvo en tramos cortos y siempre que la evacuación de viajeros lo permita.

Gálibos

La normativa vigente fija con precisión los gálibos: gálibo transversal en vanos, gálibo transversal en soportes de línea y en acceso a estaciones, y gálibo longitudinal, con algunas excepciones para ciertas instalaciones particulares.[16]

Estos gálibos deben determinarse bajo la hipótesis más desfavorable (vientos racheados, oscilaciones de cabina, etc.), de forma tal que, en el peor de los casos, haya una distancia de seguridad suficiente entre las cabinas y los cables, los soportes o las estaciones. Las distancias máximas y mínimas al suelo en las condiciones más desfavorables son las que se indican en la tabla 7.2.

7.4 Cable sustentante

Cable sin carga. Catenaria

Sea un cable inextensible y homogéneo, de peso por unidad de longitud w, colgante entre dos apoyos A y B, sometido únicamente a la acción de su peso. Las reacciones en A y B, respectivamente T_A y T_B, estarán dirigidas según las tangentes a la curva en dichos puntos. Sea O el punto más bajo de la curva y sea P –de coordenadas x, y– un punto cualquiera de esta curva y l, la distancia entre P y O (Fig. 7.4).

La curva recibe el nombre de catenaria y la ecuación de la misma es:

$$y = \frac{T_0}{2w}\left[\left(e^{\frac{wx}{T_0}} + e^{-\frac{wx}{T_0}}\right) - 2\right] \qquad (7.1)$$

Siendo:
T_0, tensión horizontal en el punto O
w, peso por unidad de longitud
x, distancia horizontal

Las propiedades más importantes de la catenaria son:
a) La componente horizontal de la tracción en un punto es constante.
b) La componente vertical, $T_y = w \cdot l$, sólo depende de la distancia desde el vértice y el peso por unidad de longitud.
c) El esfuerzo de tracción en un punto es igual al peso de su ordenada: $T = w \cdot y$

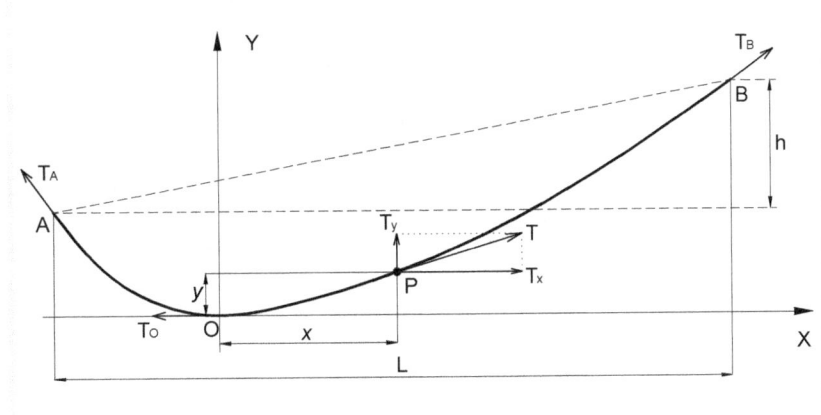

| 7.4 | Catenaria

Aproximación parabólica a la catenaria

En muchos casos es suficiente, y mucho más sencillo, utilizar una aproximación mediante una parábola. En efecto, si el cable está suficientemente tendido, el arco de curva *l*, se aproxima mucho a la abscisa, *x*. En este caso, la ecuación , se transforma en:

$$y = \frac{w \cdot x^2}{2T_0} \quad (7.2)$$

Expresión mucho más sencilla y suficientemente precisa en la mayoría de las situaciones. En el caso de un cable horizontal, la altura, *y*, coincide con la flecha, *f*, y su valor máximo se produce para *x=L/2*, siendo *L* la luz del vado entre apoyos:

$$f = \frac{w \cdot L^2}{8T_0} \quad (7.3)$$

Solicitaciones en los cables

En el predimensionado de las instalaciones de transporte por cable puede sustituirse la catenaria por un arco parabólico y se analizan las distintas hipótesis desfavorables de carga:
 a) Ramal ascendente con carga y ramal de retorno vacío
 b) Ramal ascendente con carga y ramal de retorno al 33% de la carga
 c) Ramal de subida vacío y ramal de retorno cargado al 33% de la carga
 d) Ambos ramales descargados

Además, debe tenerse en cuenta las condiciones meteorológicas, en especial la acción combinada del viento y la carga de hielo.
 La acción del viento se traduce en una presión lateral sobre el cable y la cabina que puede estimarse en 0,2 kPa con las instalaciones en servicio y de 1,2 kPa con instalaciones fuera de servicio y vientos de hasta 150 km/h.

En las zonas con ráfagas de viento superiores a los 150 km/h debe determinarse el empuje lateral, teniendo en cuenta las secciones opuestas al viento y los correspondientes coeficientes aerodinámicos.

Para realizar el predimensionado de una instalación, debe tenerse en cuenta las siguientes cargas:

P_w, peso por unidad de longitud del cable

P_v, peso por unidad de longitud debida al vehículo: *peso vehículo/ distancia entre vehículos*

P_c, peso por unidad de longitud debida a la carga: *peso total de la carga/distancia entre vehículos*

El tratamiento es parecido al efectuado para las bandas transportadoras (cap. 5); así se tiene:

1. Movimiento horizontal. Cargas repartidas (corresponde al caso de telesillas o teleféricos con vagonetas y recorrido llano).

a) Resistencia al movimiento, ramal (activo):

$$R_A = C \cdot f \cdot L \cdot (P_w + P_v + P_c) \qquad (7.4)$$

Siendo:

L, longitud del recorrido

f, coeficiente de rozamiento

C, factor de recorrido (C>1), según las características de la instalación, de la estación tractora y de la tensora

b) Resistencia al movimiento, ramal inferior (de retorno):

$$R_R = C \cdot f \cdot L \cdot (P_w + P_v + P_{c'}) \qquad (7.5)$$

De donde, el esfuerzo en la polea motriz es:

$$F = R_A + R_R \qquad (7.6)$$

es decir:

$$F = C \cdot f \cdot L \cdot (2 \cdot P_w + 2 \cdot P_v + P_c + P_{c'}) \qquad (7.7)$$

Siendo P_c el peso por unidad de longitud de la carga en el ramal de retorno (P_c = 0, si el retorno es en vacío).

La potencia útil:

$$N = \frac{F \cdot v}{1000} \qquad (7.8)$$

y la potencia motriz

$$N_m = \frac{N}{\eta} \qquad (7.9)$$

2. Movimiento inclinado ascendente. Cargas repartidas (corresponde al caso de telesillas o teleféricos con vagonetas y recorrido ascendente).

Resistencia al movimiento, ramal activo:

$$R_A = C \cdot f \cdot L \cdot (P_w + P_v + P_c) \cdot \cos\alpha + H \cdot (P_w + P_v + P_c) \quad (7.10)$$

Siendo H el desnivel y tgα=H/L.

Resistencia al movimiento, ramal retorno:

$$R_R = C \cdot f \cdot L \cdot (P_w + P_v + P_{c'}) \cdot \cos\alpha - H \cdot (P_w + P_v + P_{c'}) \quad (7.11)$$

De donde el esfuerzo total desarrollado en la polea motriz es:

$$F = C \cdot f \cdot L \cdot (2P_w + 2P_v + P_c + P_{c'}) \cdot \cos\alpha + H \cdot (P_c - P_{c'}) \quad (7.12)$$

Las tensiones en el cable, T_1 y T_2, se obtienen a partir de:

$$F = T = T_1 - T_2$$

Por otra parte, tal como se ha visto anteriormente –cap. 5, ecuación 5.16:

$$T_1 = T_2 \cdot e^{\mu_s \theta} \quad (7.13)$$

Y operando,

$$T_1 = T \cdot \left(1 + \frac{1}{e^{\mu_s \theta} - 1}\right) \quad (7.14)$$

$$T_2 = T \cdot \frac{1}{e^{\mu_s \theta} - 1} \quad (7.15)$$

Para asegurar que no exista deslizamiento,

$$T_1 \leq T_2 \cdot e^{\mu_s \theta} \quad (7.16)$$

$$T_3 = T_2 + R_R \quad (7.17)$$

$$T_4 = T_3 \quad (7.18)$$

Cable con carga aislada

Es decir, carga puntual, Q, única en el vado entre pilastras de soporte. Es el caso de los teleféricos de vaivén, provistos generalmente de cabinas de gran capacidad, tal como se muestra en la figura 7.6.

La determinación de la flecha y de las tensiones en el cable se realiza considerando por un lado la flecha y las tensiones debidas al peso propio del cable (admitiendo que la deformada elástica es parabólica), y por el otro la flecha y las tensiones debidas a la carga aislada.

A partir de las ecuaciones de equilibrio, puede determinarse la flecha máxima debida a la carga puntual, Q, en un punto del vano situado a una distancia x del apoyo A (Fig. 7.5):

$$f = Q\frac{(L-x)\cdot x}{L\cdot S\cdot \cos \delta} \qquad (7.19)$$

Siendo
  S, tensión en el cable
  δ, ángulo formado por el cable respecto a la horizontal

Si el desnivel, α, es pequeño, $\cos \delta \approx 1$; la flecha máxima corresponde al punto central del vano ($L/2$) y vale:

$$f_{máx} = Q\frac{L}{4S} \qquad (7.20)$$

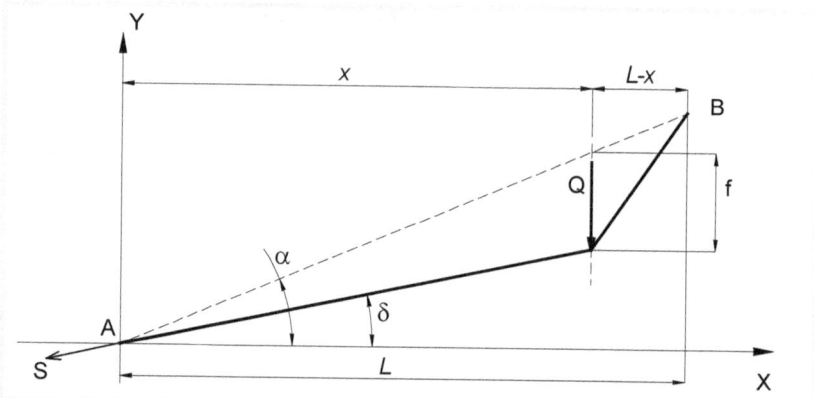

| 7.5 | Flecha debida a una carga puntual

| 7.6 | Telecabina de gran capacidad. Fuente: Leitner-lifts

7.5 Blondines

Los *blondines* deben su nombre a Jean F. Gravelet, cuyo nombre artístico era *Le Grand Blondin*, primer funámbulo que atravesó las cataratas del Niágara sobre un cable. El blondín, conocido también como *grúa funicular*, es análogo a un puente grúa en el que la viga principal es sustituida por un cable o un conjunto de cables portantes por los que desliza el carro portador del polipasto.

Se emplean en obras públicas, en grandes construcciones y en actividades de tala forestal en las que las distancias son excesivamente grandes para colocar una grúa torre o un puente grúa. Su estructura se basa en dos torres fijas en los extremos entre las que se tienden los cables soporte y un carro de traslación (Fig. 7.7).

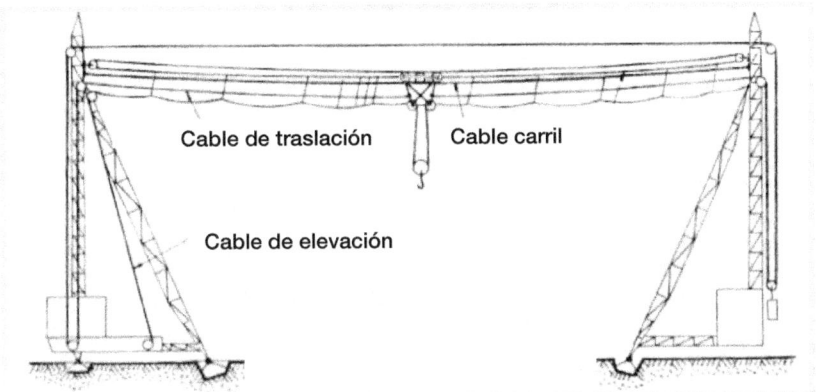

| 7.7 | Blondín

7.6 Teleféricos

Se entiende por teleférico toda instalación de transporte en la que los vehículos se encuentran suspendidos de dos o más cables. Entre las diversas clases de teleféricos existen algunas denominadas usualmente por los constructores y usuarios de la siguiente forma:
- Telecabina: teleférico de movimiento unidireccional dotado de vehículos cerrados de poca capacidad (Fig. 7.8).
- Telesilla: teleférico de movimiento unidireccional cuyos vehículos son sillas (Fig. 7.9).

Las velocidades máximas de los teleféricos se indican en la tabla 7.3.

7.7. Funiculares

Un funicular es una instalación de transporte terrestre en la que uno o más cables enlazan dos vehículos que se desplazan sobre una vía, de modo que el vehículo que desciende tira del que asciende, requiriendo de esta manera un esfuerzo tractor menor, al mismo tiempo que se frena el vehículo descendente.

almacenaje, manutención y transporte

| 7.8 | Telecabina.
Fuente: Doppelmayr

| 7.9 | Telesilla.
Fuente: Doppelmayr

| Tabla 7.3 | Velocidades máximas de los teleféricos (m/s) (OM 14 enero 1998)

Tipo			Velocidad (m/s)	
Teleférico bicable con vehículos acompañados	Fuera de los soportes de línea		12,0	
	Al paso por los soportes de línea		10,0	
Teleféricos bicables con vehículos no acompañados	Fuera de los soportes de línea		7,00	
	Al paso por los soportes de línea		6,00	
	En estaciones		0,40	
Teleféricos monocable con vehículos cerrados y pinzas fijas	En línea		6,00	
	En estaciones		0,40	
Teleféricos de movimiento unidireccional y pinzas desembragables	En línea	Vehículos cerrados	6,00	
		Vehículos abiertos	5,00	
	En estaciones	Vehículos cerrados	0,40	
		Vehículos abiertos	Esquiadores	1,30
			Peatones por delante	1,00
			Peatones por el lado	0,50
Teleféricos con vehículos abiertos y pinzas fijas	En línea		5,00	
	En estaciones	Esquiadores	Sillas mono o biplaza	2,50
			Sillas >2 plazas	2,30
		Peatones	Sillas mono o biplaza	1,50
			Sillas >2 plazas	1,00

transporte por cable

El funicular típico es un ferrocarril que se desplaza en rampas muy pronunciadas, en recorridos generalmente rectos y cortos. A menudo, estos trayectos son de vía única con bucle de cruce a la mitad del camino. La velocidad no suele superar los 12,0 m/s. Las pendientes pueden llegar al 60% (Fig. 7.10).

| 7.10 | Funicular de Vallvidrera. Fuente: Trenscat

transporte vertical

Los dispositivos elevadores básicos (plano inclinado y polea) eran ya utilizados por los egipcios antes del año 1000 a.C. Desarrollados por los griegos, Arquímedes, hacia el 250 a.C., establece los aspectos teóricos de los polipastos. Estas máquinas se emplean tanto para la elevación de cargas como de personas y, con el transcurso del tiempo, van mejorando sus prestaciones hasta la llegada de la máquina de vapor, que proporciona un empuje decisivo al diseño de grúas y de ascensores de mayor capacidad y celeridad. La introducción de cables de acero, el empleo de contrapesos en los ascensores y, especialmente, la mejora de los sistemas de seguridad para evitar caídas, dan un impulso definitivo a estas máquinas.

8.1 Tráfico vertical

El uso de los ascensores no es uniforme, y varía continuamente dependiendo de las características del edificio y de la hora del día. El análisis del tráfico previsto es imprescindible para evitar tanto un infradimensionado como un sobredimensionado de las instalaciones.

Para realizar un análisis del tráfico deben tenerse en cuenta los aspectos siguientes:
— Destino del edificio (residencial, comercial, asistencial, hotel, etc.)
— Número de plantas por encima y por debajo de la de acceso principal
— Alturas de las distintas plantas
— Tipo del tráfico (subida o bidireccional)
— Población total atendida por planta
— Intensidad de tráfico (ligero, moderado, intenso)

La experiencia enseña que según el destino de cada edificio, las características del tráfico a lo largo de la jornada son distintas. Así, por ejemplo, en un edificio de oficinas aparecen una serie de picos de subida y de bajada asociados a los horarios de entrada y de salida del personal, mientras que en un edificio comercial el tráfico vertical es muy distinto y va asociado a los hábitos de compra de los clientes. Véase, por ejemplo, el flujo de tráfico en un hospital (Fig. 8.1).

El tráfico en los ascensores se determina a partir de los parámetros siguientes (ver tabla 8.1):
— C_{60}: capacidad horaria (número de personas que acceden a un edificio en una hora)
— C_5: ídem en 5 minutos. A menudo se expresa como porcentaje de la población que ocupa el edificio. Por ejemplo, si en un hospital se estima que a la hora de entrada de visitas el número de éstas que entran en 5 minutos es el 8%; entonces C_5 = 8%.
— i: intervalo de espera, en segundos

almacenaje, manutención y transporte

| 8.1 | Tráfico de ascensores en un hospital

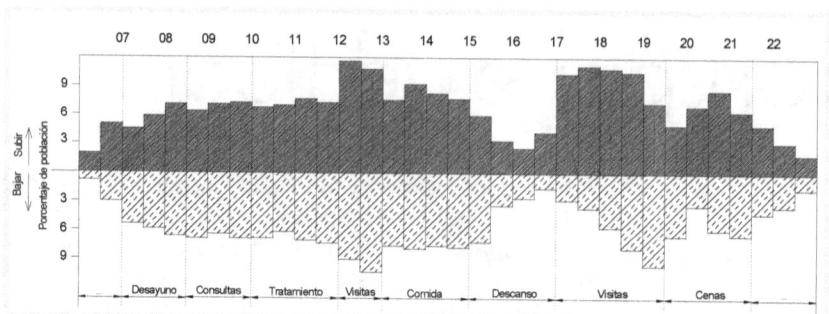

Destino del edificio		Población (m²/persona o persona/habitación)	C_5		Intervalo de espera (s)
			%	Tráfico	
Viviendas	• Renta elevada • Apartamentos (capital)	1,0 a 1,3 personas /dormitorio	≥ 7,5	Pico de subida	60 ÷ 70
	• Renta media • Veraniegos	1,3 a 1,7 personas /dormitorio	≥ 7,5		80 ÷ 100
Oficinas	• De una sola entidad • Estatales	0,07 a 0,10 personas/m²	15 ÷ 20	Pico de subida en la mañana	25 ÷ 35
	• De varias entidades • Profesiones libres	0,08 a 0,11 personas/m²	12 ÷ 15		25 ÷ 35
Hoteles	• 4 y 5 *	1,0 a 1,3 personas /dormitorio	12 ÷ 15	Equilibrado subida y bajada	30 ÷ 40
	• De 3* • Turísticos	1,3 a 1,7 personas /dormitorio	10 ÷ 12		40 ÷ 60

| Tabla 8.1 | Parámetros generales de tráfico

Existen en el mercado programas informáticos que permiten la simulación y el cálculo de los tiempos medios de espera y de viaje a partir de datos análogos a los anteriores, de las características del edificio (altura total, altura entre plantas, etc.) y de los equipos de elevación (número, capacidad y velocidad de los ascensores, tipo de maniobra, etc.).

Por ejemplo, permite comparar los tiempos de espera y viaje en un hotel de tres estrellas y 400 habitaciones dispuestas en 8 plantas más planta baja y dos sótanos de garaje, en el caso de instalar 2 ascensores de 6 personas o de 3 ascensores de 4 personas. Las velocidades de ambos ascensores, los tipos de puerta, así como el tipo de maniobra (colectiva selectiva en los dos sentidos de marcha) se suponen idénticos.

De acuerdo con los datos, tenemos:

- Edificio: Hotel, sin tráfico entre plantas
- Nº Plantas por encima de la principal: 8
- Nº Plantas por debajo de la principal: 2
- Distancia entre plantas: 3 m
- Población total del edificio: 1,5*400 = 600 personas
- Coeficiente C_5: 12%
- Velocidad nominal ascensores: 1,5 m/s
- Aceleración/desaceleración máximas: 1 m/s^2

Los resultados que se obtendrían utilizando un programa de simulación de tráfico vertical[1], se muestran en la tabla 8.2.

Tabla 8.2 | Tiempos de espera y viaje

Tiempos (s)	2 ascensores de 6 personas	3 ascensores de 4 personas
medio de espera	49	27
medio de viaje	28	24
medio del servicio	78	51
máximo de espera	278	161
máximo de viaje	94	62
máximo del servicio	291	180

Obsérvese que con la alternativa de tres ascensores de 4 personas de capacidad, los tiempos de espera son siempre inferiores a los de dos ascensores de 6 personas.

8.2 Ascensores

Hasta mediados del siglo XIX, los ascensores empleaban unos cables de acero con relativa baja resistencia a la fatiga y presentaban el elevado riesgo de rotura. En 1853, E. Otis patentó un dispositivo de seguridad que provocaba el bloqueo de la cabina en caso de caída y ello significó un impulso crucial al desarrollo de los ascensores. En aquellos tiempos, los ascensores eran movidos por máquinas de vapor y algo más tarde, en la década de 1870 se introdujo el ascensor hidráulico. La aparición del motor eléctrico supuso otro cambio sustancial, gracias a su mayor altura de elevación y su menor coste de instalación.

Ascensores eléctricos

En la figura 8.2 se muestran los componentes básicos de un ascensor eléctrico. Los elementos clave son: el grupo tractor, compuesto del motor, caja reductora, corona, polea y freno, montados solidariamente sobre una base común, generalmente de hierro fundido; el limitador de velocidad, de accionamiento automático en el caso de que la cabina descendiera o ascendiera a mayor velocidad de la prevista; y el paracaídas, accionado por el limitador de velocidad, detiene la cabina en el caso de exceso de velocidad o de caída libre.

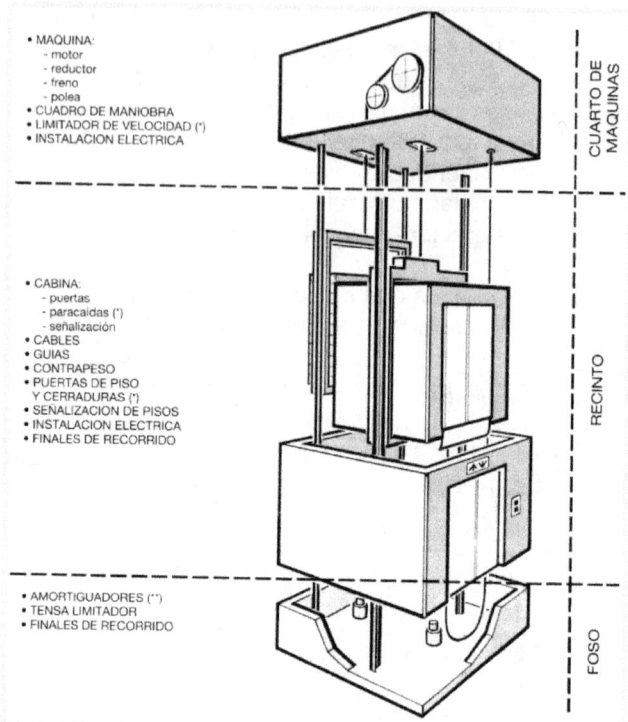

Fig. 8.2 | Esquema de un ascensor eléctrico. Fuente: Macía, 1999

El cuarto de máquinas puede ubicarse encima del hueco del ascensor, en la parte superior del edificio o en la parte inferior, e incluso en cualquier planta siempre que, en este caso, vaya adyacente al hueco. En el primer caso, se requiere una caseta sobre la última planta accesible, lo cual puede ser un problema si la altura total del edificio está limitada. Sin embargo, presenta como ventajas el menor coste de instalación, menores cargas sobre la estructura, un consumo de energía reducido y una fácil ventilación del cuarto de máquinas. En las figuras 8.3 y 8.4 se muestra un esquema de cuarto de máquinas, respectivamente, arriba y abajo.

La ventaja del cuarto de máquinas en la parte inferior radica en la ausencia de la caseta de máquinas; sin embargo, ejerce mayores cargas sobre la estructura y tiene un coste más elevado que la instalación con caseta superior.

De acuerdo con la norma UNE EN 81-1:2001, el accionamiento de los ascensores eléctricos puede ser:

a) Ascensores por adherencia. El sistema consta de una polea de tracción accionada por el motor eléctrico, directamente o a través de un reductor de velocidad mueve por adherencia los cables que unen la cabina del elevador con el contrapeso. Dentro de este grupo tenemos dos tipos:

1. Con reductor (una velocidad, dos velocidades y tensión variable con A.C), las características del cual son:
   – Deceleración y aceleración regulada

- Arranques suaves
- Muy buen confort de marcha
- Parada directa a nivel del piso sin micronivelación
- Cargas máximas hasta 2500 kg
- Velocidades hasta 2,5 m/s

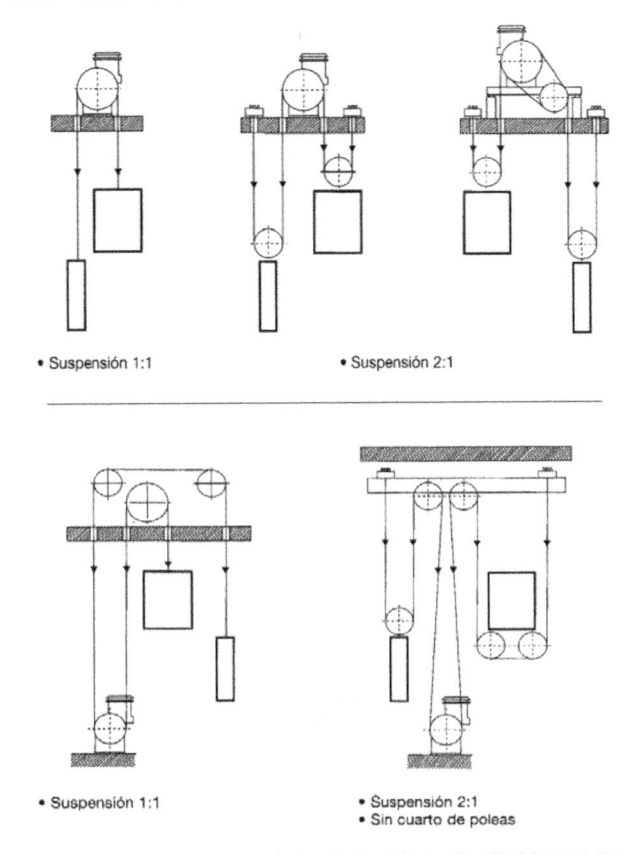

| 8.3 | Cuarto de máquinas arriba. Fuente: Macía, 1999

| 8.4 | Cuarto de máquinas abajo. Fuente: Macía, 1999

2. Sin reductor, con las características siguientes:
   - Regulación total de aceleración, deceleración y velocidad
   - Velocidad programada en función del recorrido a efectuar
   - Parada directa a nivel de piso
   - Cargas hasta 2000 kg
   - Velocidades hasta 5 m/s

b) Ascensores por arrastre; es decir:

1. Empleando un tambor de arrollamiento y cables; este sistema está, prácticamente, en desuso.

2. Empleando cadenas y piñones. La velocidad nominal no debe exceder de 0,63 m/s. No deben utilizarse contrapesos. Se permite la utilización de masa de equilibrado.

almacenaje, manutención y transporte

Asimismo, en la norma EN 81-1 se señalan las principales características y dimensiones de los huecos, cabinas, fosos, cuartos de máquinas, sistemas de suspensión, guías, elementos de control y de seguridad, etc.

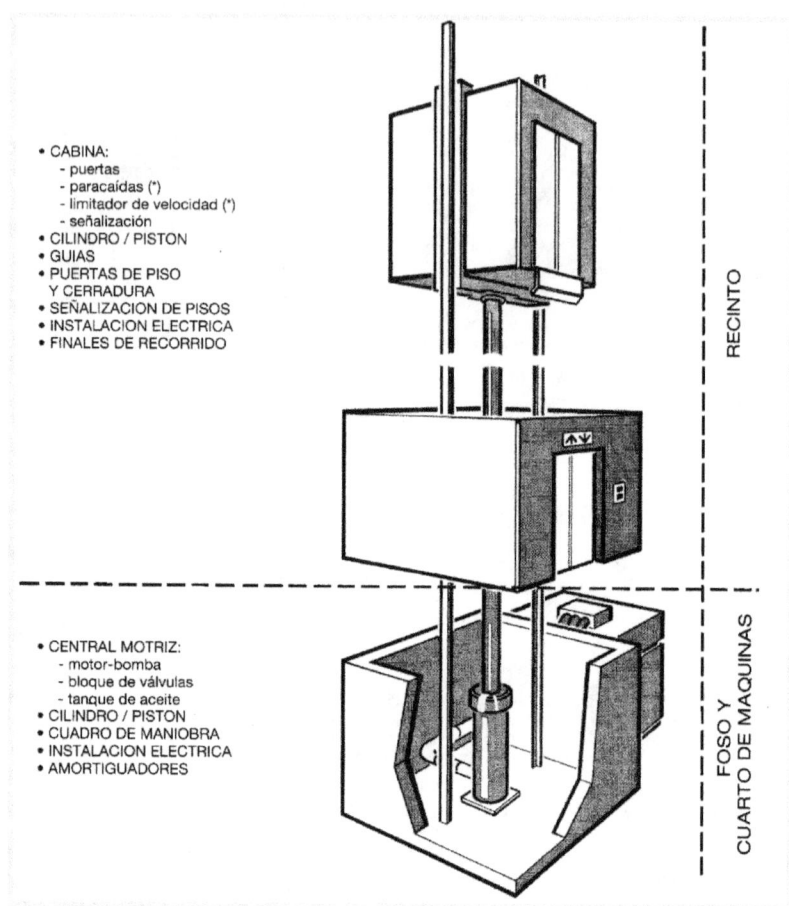

| 8.5 | Ascensor hidráulico.
Fuente: Macía, 1999

Ascensores hidráulicos

Los ascensores hidráulicos tuvieron su momento de mayor expansión en la segunda mitad del siglo XIX, puesto que eran mucho más convenientes que los basados en máquinas de vapor y elevación por cable; sin embargo, fueron desplazados por los ascensores eléctricos; pero en las últimas décadas han experimentado un renacimiento y su empleo ha ido aumentando.

La principal ventaja de los ascensores hidráulicos es que permiten situar el cuarto de máquinas en cualquier lugar del edificio, hasta un máximo de 15 metros de la vertical del ascensor. Asimismo, no produce cargas sobre la estructura del edificio. En caso de interrupción del suministro de energía eléctrica, el salvamento es fácil. Sin embargo, los principales inconvenientes son la menor capacidad de tráfico (mayor lentitud de respuesta) y mayor consumo de energía con una acometida eléctrica de potencia del orden de 2 a 3 veces superior a la de un ascensor eléctrico. Se trata, por tanto, de máquinas adecuadas para edificios de poca altura (hasta 20 m).

Los ascensores hidráulicos consisten en una central oleohidráulica compuesta por un grupo de bombeo, las válvulas de control y seguridad y un depósito de aceite; y el cilindro hidráulico, responsable de la elevación y el descenso de la cabina (Fig. 8.5).

El resto de elementos son análogos a los de un ascensor eléctrico. Las características principales de los ascensores hidráulicos están fijadas en la Norma UNE EN 81-2. Las disposiciones posibles se muestran en la figura 8.6.

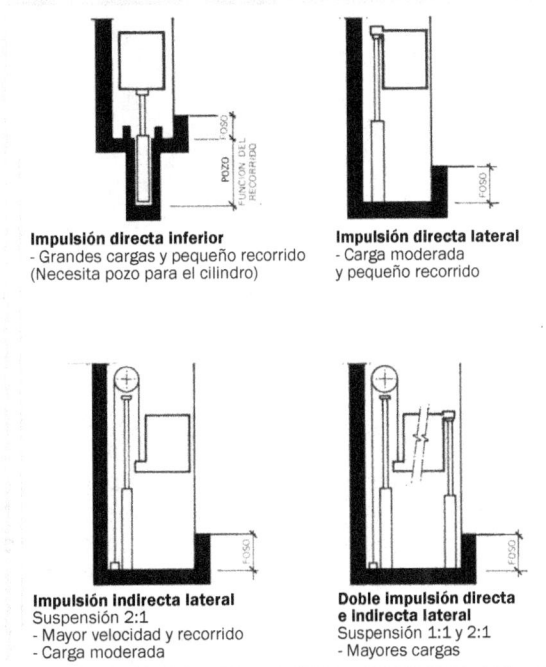

| 8.6 | Diferentes disposiciones de un ascensor hidráulico. Fuente: Macía, 1999

Ascensores especiales

Existe una amplísima gama de ascensores especiales, desde ascensores montacamas de hospitales (ascensor convencional pero cuyas dimensiones y puertas permite el transporte de camas hospitalarias) a ascensores inclinados o ascensores para personas con algún tipo de discapacidad, pasando por los elevadores unipersonales adaptados de escalera o los panorámicos (Figs. 8.7 y 8.8).

Montacargas

Pueden ser tanto eléctricos como hidráulicos y difieren de los ascensores tanto en las maniobras como en la velocidad y la capacidad de carga. Mantienen los mismos criterios de proyecto que los ascensores, con la salvedad del diseño de la cabina, que no se encuentra preparada específicamente para el transporte de personas. Sin embargo, si el montacargas debe emplearse también para el transporte de personas (aunque sea de forma eventual), la normativa aplicable es la misma que para los ascensores. Los montacargas pequeños, conocidos también con el nombre de minicargas, están formados por una cabina inaccesible para las personas y una capacidad de carga máxima de hasta 300 kg.

| 8.7 | Ascensores panorámicos. Fuente: Satel

| Fig. 8.8 | Ascensor inclinado. Fuente: Graventa

Escaleras y andenes móviles

La escalera mecánica consiste en una cadena de escalones sin fin destinada al transporte ascendente o descendente de personas. Los andenes móviles consisten en una banda sin fin (cinta, cadena de placas, etc.) destinada al transporte horizontal o inclinado, ascendente o descendente, de personas. La inclinación media de las escaleras es de 25 a 35°, mientras que la de los andenes inclinados es de 10 a 12°.

Las disposiciones típicas, tanto de escaleras como de andenes inclinados, pueden ser en paralelo, en tijeras, cruzadas con balaustradas alineadas o de doble tijera con balaustradas alineadas. La pendiente de las escaleras es de 27 a 30°. En el caso de andenes en rampa, el ángulo de inclinación suele ser de 10 a 12° (Fig. 8.9).

La capacidad teórica de transporte de una escalera depende de la velocidad y de la anchura de los peldaños, tal como se indica en la tabla 8.3. Cuando el flujo de personas es superior a los indicados en la tabla, hay que prever dos o más instalaciones en paralelo.

	Anchura útil (mm)		
Velocidad (m/s)	600	800	1 000
0,50	4 500	6 750	9 000
0,65	5 850	8 775	11 700
0,75	6 750	10 125	13 500

| Tabla 8.3 | Capacidad teórica de transporte de andenes y escaleras móviles (personas/hora)

El empleo habitual de estas instalaciones es en el sector comercial (grandes almacenes, centros comerciales, hoteles o edificios de oficinas) y en transportes públicos (estaciones ferroviarias, de autobuses, de metro, aeropuertos, etc.).

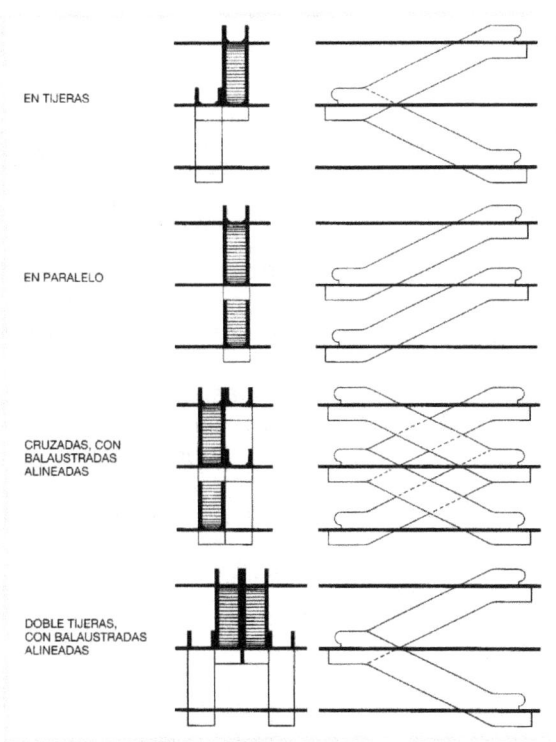

| 8.9 | Disposición de escaleras y andenes móviles.
Fuente: Macía, 1999

En el primer caso la utilización es de 10 a 12 horas/diarias 6 o 7 días a la semana. En el segundo caso, la utilización puede ser de hasta 24 h/día y 7 días/semana. Las condiciones ambientales pueden ser muy variables según la ubicación (intemperie o interior).

8.3 Grúas

Grúa es el nombre genérico que se da a diferentes aparatos de elevación de cargas, constituidos por una pluma o brazo provistos de una polea por donde pasa un cable, un extremo del cual tiene un gancho y el otro extremo se enrolla en un tambor, lo cual le permite levantar las cargas. El brazo puede ser fijo o extensible y/o puede girar o no.

Clasificación

La clasificación de las grúas puede hacerse atendiendo a diferentes criterios. Atendiendo a su morfología, las grúas pueden ser:
- Puentes grúa
- Grúas pórtico
- Grúas torre
- Grúa giratoria de columna
- Grúa giratoria de plataforma
- Grúas móviles (vehículos–grúa)

Esta clasificación no es, ni mucho menos, exhaustiva, puesto que existen numerosos tipos mixtos y especiales de grúas con sus correspondientes variantes.

Atendiendo al número de movimientos, las grúas pueden ser de:
- un movimiento (elevación) por ejemplo, un polipasto fijo
- dos movimientos: (elevación + traslación), por ejemplo, grúa pórtico fija
- tres: (elevación + doble traslación –coordenadas rectangulares–, ejemplo: puente grúa, o bien, elevación + rotación + traslación
- coordenadas cilíndricas–, ejemplo: grúa torre).

Las grúas de columna y las grúas torre tienen una cobertura circular o semicircular, mientras que las grúas pórtico y los puentes grúa tienen una cobertura rectangular.

Características generales

La determinación de las solicitaciones a las que están sometidas las estructuras de las grúas, así como el cálculo y la elección de los diversos elementos que conforman las grúas se realiza de acuerdo con la norma UNE 58132:2000. Las características más importantes de las grúas son:
- Carga útil
- Carga máxima
- Alcance
- Altura bajo gancho
- Velocidad(es) de elevación
- Velocidad(es) de desplazamiento y/o giro
- Área de barrido (superficie horizontal accesible por la grúa)

Clasificación de los aparatos completos en grupos

De acuerdo con la norma UNE 58 112:91, los dos parámetros que hay que tener en cuenta para determinar el grupo al que pertenece una grúa son: clase de utilización y estado de carga.

a) **Clase de utilización**. El número de ciclos previstos durante la vida útil del aparato constituye un parámetro fundamental de la clasificación. El número total de ciclos de maniobra está ligado al factor de utilización del aparato y las clases de utilización se dividen en 10 grupos, tal como se muestra en la tabla 8.4.

b) **Estado de carga**. El número de ciclos de maniobra es un dato necesario, pero no suficiente. En efecto, si una grúa puede levantar una carga Q, no es lo mismo que los ciclos sean con cargas 0,9·Q que con cargas de sólo 0,1·Q. Así se define un coeficiente nominal del espectro de cargas, K_p, cuyos valores se indican en la tabla 8.5.

La combinación de las dos clasificaciones anteriores proporciona una clasificación completa del aparato, tal como se indica en la tabla 8.6.

Tabla 8.4 | Clases de utilización de los aparatos según norma UNE 58 112

Clases de utilización	Número máx. de ciclos de maniobra	Observaciones
U_0	$1{,}6 \times 10^4$	Utilización ocasional
U_1	$3{,}2 \times 10^4$	
U_2	$6{,}3 \times 10^4$	
U_3	$1{,}25 \times 10^5$	
U_4	$2{,}5 \times 10^5$	Utilización regular en servicio ligero
U_5	5×10^5	Utilización regular en servicio intermitente
U_6	1×10^6	Utilización regular en servicio intensivo
U_7	2×10^6	Utilización intensiva
U_8	4×10^6	
U_9	$> 4 \times 10^6$	

Tabla 8.5 | Coeficiente nominal del espectro de cargas, K_p (UNE 58-112)

Estado de carga	K_p	Observaciones
Q1 Muy ligero	0,125	Aparato que levanta raramente la carga máxima y corrientemente cargas muy pequeñas
Q2 Moderado	0,25	Aparato que levanta con bastante frecuencia la carga máxima de servicio y corrientemente cargas pequeñas
Q3 Pesado	0,50	Aparato que levanta con bastante frecuencia la carga máxima de servicio y corrientemente cargas medianas
Q4 Muy pesado	1,00	Aparato que corrientemente maneja cargas próximas a la carga máxima de servicio

Estado de carga	Clases de utilización y número máximo de ciclos de maniobra									
	U_0	U_1	U_2	U_3	U_4	U_5	U_6	U_7	U_8	U_9
Q1 Muy ligero	A1	A1	A1	A2	A3	A4	A5	A6	A7	A8
Q2 Moderado	A1	A1	A2	A3	A4	A5	A6	A7	A8	A8
Q3 Pesado	A1	A2	A3	A4	A5	A6	A7	A8	A8	A8
Q4 Muy pesado	A2	A3	A4	A5	A6	A7	A8	A8	A8	A8

Tabla 8.6 | Grupos de clasificación del aparato completo

Solicitaciones en las grúas

Las solicitaciones a tener en cuenta en el cálculo de las grúas son las siguientes:
  a) Solicitaciones principales:
    i. debidas a los pesos propios de los elementos
    ii. debidas a la carga de servicio
  b) Solicitaciones debidas a movimientos verticales, consecuencia de los esfuerzos de inercia que aparecen a consecuencia de las aceleraciones y deceleraciones en el movimiento vertical.

c) Solicitaciones debidas a movimientos horizontales, debidos a esfuerzos de inercia, a fuerzas centrífugas, a los efectos transversales provocados por la rodadura y a los efectos de choque con los topes.
d) Solicitaciones debidas a las condiciones meteorológicas causadas por viento, nieve y cambios de temperatura.
e) Otras solicitaciones

8.4 Principales tipos de grúa

Puentes–grúa

Descripción. Es un aparato de elevación compuesto por una viga principal que se apoya sobre carriles elevados, permitiendo, de esta manera, un movimiento longitudinal de la viga principal y un movimiento transversal del grupo elevador y el movimiento vertical de la carga (Fig. 8.10).

| 8.10 | Puente grúa
Fuente: Naicranes

| 8.11 | Puente grúa en una fábrica de papel

Para los tres movimientos: longitudinal, transversal y de elevación, las velocidades son tanto mayores cuanto mayores son las distancias a recorrer. El movimiento vertical se suele descomponer en dos velocidades. Una primera velocidad principal de elevación (del orden de 6 a 15 m/min) y una de precisión ($\approx$2 m/min). Ambas velocidades son relativamente bajas y se desarrollan en distancias cortas (altura de la nave) ocupando, de este modo, el menor tiempo en la operación de manipulación.

Entre sus grandes ventajas podemos destacar:
— Desplazamiento por vías elevadas: permite dejar libre toda la superficie de la nave donde se instalan.
— Amplio abanico de cargas a transportar: desde 1 a más de 100 toneladas.
— Velocidades rápidas y gran precisión en sus movimientos: si se desea, se pueden conseguir altas velocidades con una precisión total en la ubicación de las cargas y una gran suavidad en el proceso de acercamiento.
— Funcionamiento seguro: está demostrado que es uno de los aparatos de manutención más seguros en el mundo de la industria.

El principal inconveniente radica en el hecho de que su radio de acción es limitado, ya que la carga que se debe transportar debe situarse en el rectángulo de la zona barrida por el mismo.

Los puentes-grúa, junto con las carretillas elevadoras, son los aparatos de manutención más difundidos en la industria (Fig. 8.11).

La viga principal puede ser simple o doble y se apoya sobre dos carriles elevados situados sobre pilares o postes, o bien, sobre componentes de la propia estructura del edificio.

Existen tres tipos de mecanismos de elevación: polipasto monorraíl (Fig. 8.12); el polipasto circula abrazado a la única viga principal del puente grúa y es especialmente adecuado para cargas bajas y translación manual), carro polipasto (Fig. 8.13) o carro abierto (Fig. 8.14). La elección del polipasto se realizará en función del sistema de apoyo y de la capacidad de carga de la grúa.

| 8.12 | Polipasto suspendido

| 8.13 | Carro polipasto (apoyado en las alas superiores)
Fuente: Esquivel

Los polipastos monorraíl pueden circular por las alas inferiores o por las alas superiores de la viga. En el primer caso proporcionan una buena utilización de la altura del edificio, reducen el riesgo de movimientos de pendulación y son especialmente adecuados para locales cerrados. Los polipastos monorraíl, con desplazamiento por las alas superiores, requieren poder dejar libre un cierto espacio de la nave para poder alojarlo, con lo que la utilización de la altura del edificio es menor y son polipastos más adecuados para trabajo al aire libre, donde la altura no es condicionante.

| 8.14 | Carro abierto

Las aplicaciones más habituales se pueden encontrar en naves o instalaciones:
- industriales ligeras (p. ej., almacenes y naves de montaje)
- industriales medias (p. ej., talleres mecánicos o fundiciones)
- industriales pesadas (p. ej., altos hornos)
- de reserva para montaje y mantenimiento de máquinas (p. ej., centrales eléctricas)

Grúa–pórtico

Consiste un aparato de elevación en forma de pórtico donde el movimiento longitudinal se realiza a ras de suelo y no sobre pilares elevados. Los postes que soportan la viga transversal o puente son solidarios con ella formando la estructura del pórtico (Fig. 8.15).

| 8.15 | Grúa-pórtico

Se trata de una instalación muy similar al puente–grúa en cuanto a aplicaciones, concepción y funcionamiento; permite ser instalado en lugares abiertos, sin obra civil de recubrimiento (patios de fábrica). El coste de instalación es más reducido (no necesita pilares que soporten el camino de rodadura longitudinal), pero, por el contrario, el coste del aparato de elevación es más elevado.

Una variante de la grúa–pórtico es la grúa pórtico en voladizo, que se emplea especialmente en puertos para la carga y descarga de contenedores (Fig. 8.16).

| 8.16 | Conjunto de grúas-pórtico en voladizo. Fuente: Terminaltcp

Grúa torre

La grúa torre consiste en una torre metálica formada por una estructura en celosía que soporta, en su extremo superior, un brazo horizontal giratorio formado, asimismo, por una estructura en celosía con el objeto de ofrecer una mínima resistencia al viento. Su aplicación principal es en la construcción de edificios, por lo que se trata de un equipo que debe ser de fácil transporte, montaje y desmontaje. Las partes principales de una grúa torre se indican en la figura 8.17.

Atendiendo al sistema de anclaje, las grúas pueden ser:
- Grúa torre giratoria fija (con una superficie de trabajo limitada a la corona circular definida por las distancias mínima y máxima de alcance; figura 8.18).
  - Con contrapesos
  - Empotrada
- Grúa torre desplazable sobre raíles (permite un alcance superior a la fija).
- Trepadora (la altura de la torre va aumentando a medida que las necesidades de la obra lo requieren; generalmente va anclada al edificio, reduciéndose de esta manera el riesgo de vuelco por acción de una carga descentrada o por el viento).

Atendiendo a la pluma:
- Pluma horizontal giratoria
- Pluma en voladizo y giro de la torre (Fig. 8.19)

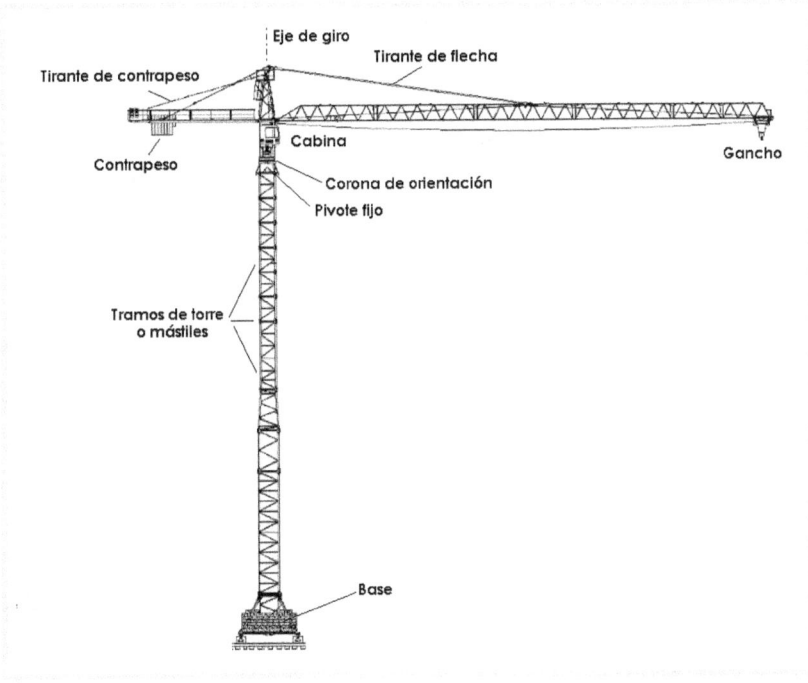

| 8.17 | Partes principales de una grúa-torre

| 8.18 | Superfície de trabajo de una grúa torre giratoria fija

| 8.19 | Grúa con el mecanismo de giro en la parte inferior de la torre

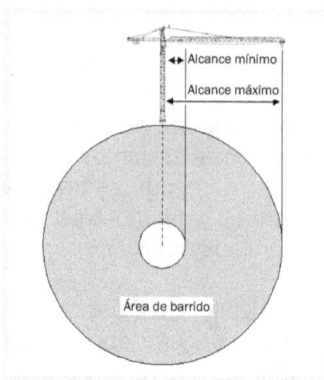
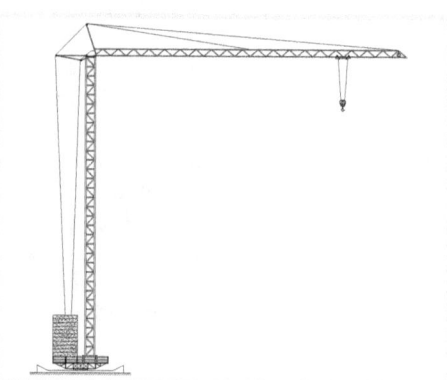

Grúas de columna

Consisten, como su nombre indica, en una columna fuertemente fijada al suelo y un brazo en voladizo por el que se desliza el polipasto. El conjunto, o únicamente el brazo, tiene un movimiento giratorio (Fig. 8.20).

Grúas de puerto

Bajo este nombre genérico se engloban diferentes tipos de grúas, habitualmente empleadas en los puertos, para la carga y descarga de buques.

Consisten en grúas giratorias montadas sobre una base o plataforma y con mecanismo de cambio de alcance. La base puede ser fija o móvil y estar dispuesta en forma plana o en estructura de pórtico.

Los movimientos de una grúa de puerto son: elevación, giro, alcance y traslación.

El mecanismo de alcance puede ser:
 – Sistema de variación de alcance por compensación de cable. Consiste en una pluma simple cuyo extremo superior recorre una

| 8.20 | Grúa de columna. Fuente: Konecrane

| 8.21 | Grúa con variación de alcance por compensación de cable. Fuente: Gottwald

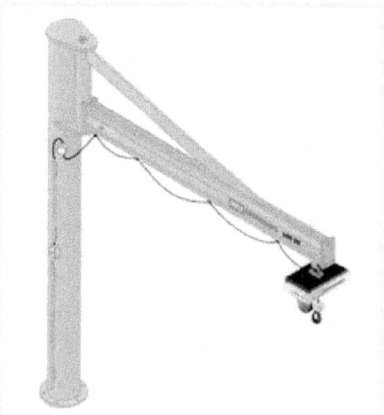
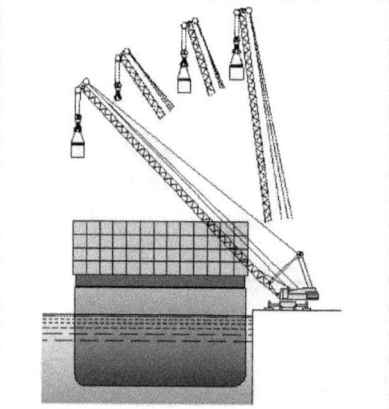

trayectoria circular. Se trata de un sistema relativamente económico, de estructura simple, pero requiere un manejo cuidadoso de la carga (Fig. 8.21).

- Sistema de variación de alcance para grúas "pico de pato". Un cuadrilátero articulado, con un grado de libertad, permite el mantenimiento de la cota vertical en el extremo de la estructura de la pluma. Se trata de una estructura más compleja que la anterior, pero su manejo es más sencillo, puesto que no debe compensarse el movimiento (Fig. 8.22).
- Sistema de grúa de alcance con mecanismo de compensación. Se trata de un sistema mixto de los anteriores (Fig. 8.23).

La capacidad de este tipo de grúas puede superar las 80 t y el alcance los 50 m.

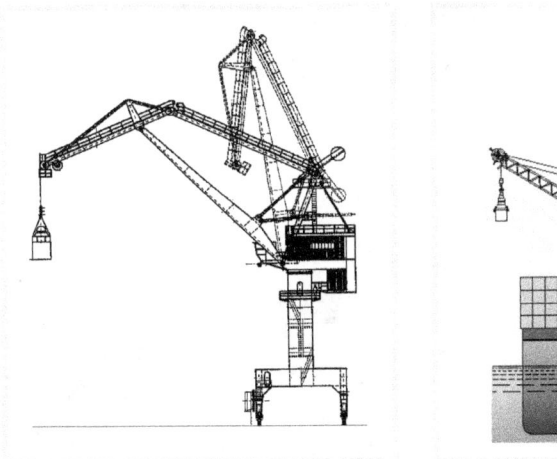
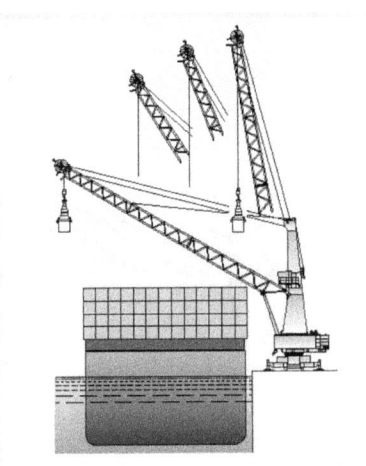

| 8.22 | Grúa de "pico de pato". Fuente: MAN

| 8.23 | Grúa con mecanismo de compensación. Fuente: Gottwald

Grúas móviles

Una grúa móvil es un conjunto formado por un vehículo autónomo portante, sobre ruedas o sobre orugas, dotado de un sistema de propulsión y de dirección propios sobre cuyo chasis se acopla un aparato de elevación. Las grúas móviles pueden clasificarse en:

a) *Grúas motorizadas*. Grúas móviles montadas sobre un chasis de ruedas; su manejo se realiza, o bien desde una posición única desde la que el operador conduce el vehículo y maneja la grúa, o, por el contrario, en dos cabinas independientes. La gama de modelos y variantes es muy extensa. La pluma puede ser de longitud fija o extensible. La velocidad del vehículo raramente supera los 30 km/h (Fig. 8.24).

b) *Grúas montadas sobre camión*. Como su nombre indica, se trata de grúas de pluma fija o extensible montadas sobre un camión (Fig. 8.25). Tanto en éstas como en las anteriores, la capacidad y el alcance de las grúas móviles puede incrementarse utilizando gatos estabilizadores para reducir el esfuerzo en los neumáticos y mejorar la estabilidad.

c) *Grúas montadas sobre orugas.* Análogas a las motorizadas, suelen tener mayor capacidad de carga y de adaptación a terrenos irregulares, pero, en cambio, presentan el inconveniente de tener que ser montadas sobre un camión para su desplazamiento en carretera (Fig. 8.26).

| 8.24 | Grúa motorizada. Fuente: Luna Equipos Industriales

| 8.25 | Grúa montada sobre camión. Fuente: Luna Equipos Industriales.

| 8.26 | Grúa móvil sobre orugas. Fuente: Liebherr

8.5 Reglamentos y normas

Real Decreto 2291/1985, *Reglamento de aparatos de elevación y manutención*. BOE núm. 296 de 11 de diciembre 1985.

Real Decreto 1314/1997, por el que se traspasa a la legislación española la Directiva 95/16/CE de aparatos elevadores.

UNE 58.101 Aparatos pesados manutención. Condiciones de resistencia y seguridad en las grúas torre desmontables para obras.

UNE 58.120. Grúas y aparatos de elevación. Selección de cables.

UNE 58.112 Grúas y aparatos de elevación. Clasificación.

UNE 58.132 Aparatos de elevación. Reglas de cálculo.

UNE EN-81-1-1998. Reglas de seguridad para la construcción e instalación de los ascensores. Parte 1. Ascensores eléctricos.

UNE EN-81-2-2001. Reglas de seguridad para la construcción e instalación de los ascensores. Parte 2. Ascensores hidráulicos.

UNE EN-81-3-2001. Reglas de seguridad para la construcción e instalación de los ascensores. Parte 3. Minicargas eléctricos e hidráulicos.

bibliografía

AECOC (1997), *Recomendaciones AECOC para la logística (RAL). Distribución de productos congelados.*

AECOC (1999), *Recomendaciones AECOC para la Logística (RAL). Unidades de Carga Eficientes (UCE), parte II, Aplicación de las unidades de carga eficientes.*

AECOC (2003), *Recomendaciones AECOC para la logística (RAL). Distribución de productos refrigerados o de temperatura controlada positiva.*

ALEXANDROV M.(1976), *Aparatos y máquinas de elevación y transporte.* Ed. Mir, Moscú.

BALLOU, R. H. (1987), *Basic Business Logistics*, Prentice Hall International Editions, London.

BARTHOLDI, J. J., HACKMAN, S. T. (2003), *Warehouse & Distribution Science*, Release 0.30, www.gatech.edu.

BOWERSOX, D.J., CLOSS, D.J. (1996), *Logistical Management*, McGraw-Hill International Ed.

CHRISTOPHER, M. (1998), *Logistics and Supply Chain Management*, Pitman Publishing, London.

COYLE, J. J., BARDI, E., LANGLEY, J. (1996), *The Management of Business Logistics*, West Publishing.

DELGADO, M., SOCORRO, L. (1993), *Transportes Industriales. Manutención.* Univ. Las Palmas.

DILWORTH, J. B. (2000), *Operations management*, The Dryden Press, Hartcourt College Pub.

DORNIER, P., ENRST, R., FENDER, M. (1998), *Global Operations and Logistics*, J. Wiley & Sons.

ENGINEERING EQUIPMENT USERS ASSOCIATION (1974), *Transporte neumático de materiales pulverulentos*, Ed. Labor, Barcelona

FALCONER, P., DRURY, J. (1978), *Almacenaje Industrial*, Blume Ediciones, Madrid.

GOODYEAR (2003), *Handbook of Belt Conveyors Design*, Goodyear Co.

almacenaje, manutención y transporte

GROOVER, M. P., (1987), *Automation Production systems, Computer Integrated Manufacturing*, Prentice Hall,1987

HEAP, R. KIERSTAN, M., FORD, G. (eds.) (1998), *Food Transportation*, Blackie Academic & Professional, London.

HOGAN, J., (1976), *Crane Design*, J. Wiley & Sons, New York.

JANOVSKY, L. (1993), *Elevator Mechanical Design*, Ellis Horwood, New York.

KASILINGAM, R. G. (1998), *Logistics and Transportation*, Kluwer Academic Pub., Dordrecht.

LE DAM HANH, P. I. (2003), *The Logistics of Empty Cargo Containers in the Southern California Region*. Final Report, Metrans Research Project, University of Southern California

LÓPEZ ROA, A. (2004), *Transporte mecánico continuo de materials sólidos a granel*, ALR, Madrid.

LÓPEZ ROA, A. (2002), *Cintas transportadoras*, CIE Inversiones, Madrid.

MACIA, R. (1999), *Transporte vertical*, Otis, Madrid

MIRAVETE, A., LARRODÉ, E. (1996), *Grúas*, Ed. Unizar, Zaragoza.

MIRAVETE, A., LARRODÉ, E. (1996), *Transportadores y elevadores*, Ed. Unizar, Zaragoza.

MIRAVETE, A., LARRODÉ, E. (1996), *Transporte vertical*, Ed. Unizar, Zaragoza.

NIN, M., *Bases para el cálculo de bandas transportadoras*, Firestone, S.A., Basauri

PAU, J., NAVASCUÉS, R. (1998), *Manual de logística integral*, Díaz de Santos, Barcelona.

PÉREZ HERRERO, M. (1998), *Manual técnico del almacenaje*, Mecalux, S.A., Hospitalet.

SPIVAKOVSKY, A., DYACHKOV, V. (1985), *Conveying Machines*, 2 vols., Mir Pub. Moscú.

TARGHETTA, L., LÓPEZ ROA, A. (1969), *Transporte y almacenamiento de materias primas en la industria básica*, Ed. Blume, Madrid.

STRAKOSCH, G. (1973), *Transporte vertical*, Boixareu Ed., Barcelona.
VALENCIA, E. (ed.) (1979), *Curso sobre transporte neumático*, ETSIIB, Barcelona.

VALENCIA, E. (ed.) (1980), *Curso sobre diseño de instalaciones de transporte neumático*, ETSIIB, Barcelona.

Referencias (Internet)

Esta lista incluye algunas de las referencias más conocidas de equipos e instalaciones de manutención, sin pretensión de ser completa ni exhaustiva.

Bandas transportadoras

Beumer	*www.beumer.com*
Esbelt	*www.esbelt.com*
Facet conveying	*www.facetengineering.co.za*
Firestone	*www.firestoneindustrial.com*
Geppert	*www.geppert-band.com*
Goodyear	*www.goodyear.com*
Green Belting Industries	*www.greenbelting.com*
Indarbelt	*www.indarbelt.es*
Kone	*www.kone.com*
Liebherr	*www.liebherr.com*
Nikai S.L.	*www.nikaisl.com*

Carretillas

Atlet	*www.atlet.com*
Clark	*www.clarkmhc.com*
Daewo Europe	*www.edsa.be*
Hyster	*www.hyster.com*
Jungheinrich	*www.jungheirich.de*
Linde CH, S.A.	*www.linde-mh.es*
Mitsubishi	*www. mitforklift.com*
OM Pimespo	*www.om-pimespo.es*
Toyota	*www.toyotaforklift.com*
Ulma	*www.carretillas.ulma.es*

Paletas

Embamat.	*www.embamat.net*
Planetpal	*www.planetpal.net*

Estanterías

Comansa	*www.comansa.biz*
Mecalux	*www.mecalux.es*
Permar	*www.permar.com*

almacenaje, manutención y transporte

Transelevadores

Eisenmann	www.eisenmann.de
Knapp	www.knapp.com
Lasin Logistic	www.lasinlogistic.net
Savoye Logistics	www.savoyelogistics.com
Scheffer	www.schefferlogistica.com
Siemens	www.siemens.es
Stöcklin AG	www.sld.ch
Thyssen	www.thyssenkruppelevadores.com
Tracoinsa	www.tracoinsa.com

Vehículos automáticos guiados (AGV)

AGV Electronics	www.agve.se
AGV Products	www.agvp.com
Amerden	www.amerden.com
Corecon	www.coreconagvs.com
Egemin	www.automationsolution.com
FMC Technologies	www.fmcsgvs.com

Miniloads

Egemin Internacional	www.egemin.com
Hunter Stacker	www.hunterstacker.com
Montaze Broz	www.montazebroz.cz
Vanderlande	www.vanderlande.com

Ascensores y montacargas

Eninter	www.eninter.es
Ebyp	www.ebyp.com
Soler	www.ascensors-soler.com
Orona	www.orona.es
Otis	www.otis.com
Reine	www.reine.es
Thysen	www.thyssenkruppelevadores.com
Schindler	www.schindler.es

Grúas

Gottwald	www.gottwald.com
MAN	www.man.de
Metalbo	www.metalbo.com
Potain	www.www. potain.fr
Luna	www.lunaei.es
Terex	www.terex.com

notas a pie de página

Cap. 1

[1] Fuente: Aunión, J.A., *El País, Suplemento de los Negocios*, 22 oct. 2006
[2] www.iso.org
[3] www.normapme.com/Spanish/standards-sp.htm
[4] www.aenor.es

Cap. 2

[5] Diccionario de la Real academia Española (2001), 22ª edición, RAE, Madrid.
[6] LIFO, *Last In, First Out*: el último que entra es el primero que sale.
[7] FIFO, *First In, First Out*: el primero que entra es el primero que sale.
[8] FEFO, *First Expires, First Out*: el primero en caducar es el primero que sale.
[9] SKU, *Stock Keeping Unit*; unidad básica de almacenado, por lo general una paleta o una caja. Las siglas SKU se emplean de forma habitual en textos en castellano.
[10] A título de ejemplo, un almacén con cámaras frigoríficas de 4.500 m^2 de superficie y un volumen total de 60.000 m^3, con capacidad de conservación para 12800 paletas, la capacidad frigorífica es de 613000 kcal/h (Frío Limpio de Aragón, S.A., citado por Mecalux Best Practices, Nº1, 2004).
[11] El tema se desarrolla en el capítulo 4.
[12] Se trata de un valor realmente mínimo. El ancho de pasillo debe ser, por lo menos, igual al mayor diámetro de giro de las carretillas cargadas que puedan operar en él más una tolerancia por desplazamiento de carga. Además, debe tenerse en cuenta el tráfico dentro del pasillo.

Cap. 4

[13] AGV (Automatic Guided Vehicle).

Cap. 5

[14] Debido a la baja velocidad de las cintas transportadoras no se tienen en cuenta las fuerzas centrífugas. Esta simplificación no es posible en el caso de correas de transmisión.
[15] CEMA. Conveyor Equipment Manufactures Association, Asociación norteamericana de fabricantes de equipos para transportadores

Cap. 7

[16] Ministerio de Fomento. O. M. 14 enero 1998. Pliego de condiciones técnicas para la construcción y explotación de las instalaciones de teleféricos y funiculares para transporte de viajeros.

www.ingramcontent.com/pod-product-compliance
Lightning Source LLC
Chambersburg PA
CBHW081842230426
43669CB00018B/2786